中华精神家园

民风根源

血缘脉系

家族家谱与家庭文化

肖东发 主编 高宇飞 编著

中国出版集团

现代出版社

图书在版编目（CIP）数据

血缘脉系 / 高宇飞编著. — 北京：现代出版社，
2014.9（2021.7重印）
ISBN 978-7-5143-2514-0

Ⅰ．①血… Ⅱ．①高… Ⅲ．①家族－文化研究－中国
Ⅳ．①K820.9

中国版本图书馆CIP数据核字（2014）第217595号

血缘脉系：家族家谱与家庭文化

主　　编：	肖东发	
作　　者：	高宇飞	
责任编辑：	王敬一	
出版发行：	现代出版社	
通信地址：	北京市定安门外安华里504号	
邮政编码：	100011	
电　　话：	010-64267325　64245264（传真）	
网　　址：	www.1980xd.com	
电子邮箱：	xiandai@cnpitc.com.cn	
印　　刷：	三河市嵩川印刷有限公司	
开　　本：	710mm×1000mm　1/16	
印　　张：	11	
版　　次：	2015年4月第1版　　2021年7月第3次印刷	
书　　号：	ISBN 978-7-5143-2514-0	
定　　价：	40.00元	

　　党的十八大报告指出："文化是民族的血脉，是人民的精神家园。全面建成小康社会，实现中华民族伟大复兴，必须推动社会主义文化大发展大繁荣，兴起社会主义文化建设新高潮，提高国家文化软实力，发挥文化引领风尚、教育人民、服务社会、推动发展的作用。"

　　我国经过改革开放的历程，推进了民族振兴、国家富强、人民幸福的中国梦，推进了伟大复兴的历史进程。文化是立国之根，实现中国梦也是我国文化实现伟大复兴的过程，并最终体现为文化的发展繁荣。习近平指出，博大精深的中国优秀传统文化是我们在世界文化激荡中站稳脚跟的根基。中华文化源远流长，积淀着中华民族最深层的精神追求，代表着中华民族独特的精神标识，为中华民族生生不息、发展壮大提供了丰厚滋养。我们要认识中华文化的独特创造、价值理念、鲜明特色，增强文化自信和价值自信。

　　如今，我们正处在改革开放攻坚和经济发展的转型时期，面对世界各国形形色色的文化现象，面对各种眼花缭乱的现代传媒，我们要坚持文化自信，古为今用、洋为中用、推陈出新，有鉴别地加以对待，有扬弃地予以继承，传承和升华中华优秀传统文化，发展中国特色社会主义文化，增强国家文化软实力。

　　浩浩历史长河，熊熊文明薪火，中华文化源远流长，滚滚黄河、滔滔长江，是最直接的源头，这两大文化浪涛经过千百年冲刷洗礼和不断交流、融合以及沉淀，最终形成了求同存异、兼收并蓄的辉煌灿烂的中华文明，也是世界上唯一绵延不绝而从没中断的古老文化，并始终充满了生机与活力。

　　中华文化曾是东方文化摇篮，也是推动世界文明不断前行的动力之一。早在500年前，中华文化的四大发明催生了欧洲文艺复兴运动和地理大发现。中国四大发明先后传到西方，对于促进西方工业社会的形成和发展，曾起到了重要作用。

中华文化的力量，已经深深熔铸到我们的生命力、创造力和凝聚力中，是我们民族的基因。中华民族的精神，也已深深植根于绵延数千年的优秀文化传统之中，是我们的精神家园。

总之，中华文化博大精深，是中国各族人民五千年来创造、传承下来的物质文明和精神文明的总和，其内容包罗万象，浩若星汉，具有很强的文化纵深，蕴含丰富宝藏。我们要实现中华文化伟大复兴，首先要站在传统文化前沿，薪火相传，一脉相承，弘扬和发展五千年来优秀的、光明的、先进的、科学的、文明的和自豪的文化现象，融合古今中外一切文化精华，构建具有中国特色的现代民族文化，向世界和未来展示中华民族的文化力量、文化价值、文化形态与文化风采。

为此，在有关专家指导下，我们收集整理了大量古今资料和最新研究成果，特别编撰了本套大型书系。主要包括独具特色的语言文字、浩如烟海的文化典籍、名扬世界的科技工艺、异彩纷呈的文学艺术、充满智慧的中国哲学、完备而深刻的伦理道德、古风古韵的建筑遗存、深具内涵的自然名胜、悠久传承的历史文明，还有各具特色又相互交融的地域文化和民族文化等，充分显示了中华民族的厚重文化底蕴和强大民族凝聚力，具有极强的系统性、广博性和规模性。

本套书系的特点是全景展现，纵横捭阖，内容采取讲故事的方式进行叙述，语言通俗，明白晓畅，图文并茂，形象直观，古风古韵，格调高雅，具有很强的可读性、欣赏性、知识性和延伸性，能够让广大读者全面接触和感受中国文化的丰富内涵，增强中华儿女民族自尊心和文化自豪感，并能很好继承和弘扬中国文化，创造未来中国特色的先进民族文化。

2014年4月18日

血缘伦理——家族文化

家族文化

　　家族是指具有血缘关系的人组成的一个社会群体，通常包括几代人。形成家族的历史十分久远，可以追溯到远古部落时代，在母系氏族社会，家族就开始以独立的方式存在、发展着。

　　家族在演变过程中融入了丰富的历史文化，逐渐形成以父亲为至尊，以血缘为纽带，以同族大家长为核心的家族制度。在这种家族制度下，与封建伦理制度和儒家学说相结合，形成了一套完整的宗法伦理体系。

女娲成为母系氏族的始祖

　　在上古时代，华夏民族的创世之神盘古开辟了天地，用身躯造出日月星辰、山川河流、花草树木、风雨雷电。残留在天地间的浊气慢慢化作了虫鱼鸟兽，世界一派欣欣向荣的景象。

女娲造人塑像

　　后来，有一位天神女娲，在这莽莽的原野上行走。她放眼四望，山岭起伏，江河奔流，丛林茂密，草木争辉，天上百鸟飞鸣，地上群兽奔驰，水中鱼儿嬉戏，草中虫豸跳跃，处处是热闹的场面。但是她总觉得有一种说不出的寂寞，越看越烦，孤寂感越来越强烈，连自己也弄不清楚这是为什么。

　■ 女娲壁画

　　这个问题一直困扰着女娲，她边行走，边思考。有一天，依然没有找到答案的女娲颓然坐在一个池塘旁边，茫然地对着池塘中自己的影子看。忽然一片树叶飘落池中，静止的池水泛起了小小的涟漪，使她的影子也微微晃动起来。

　　她突然觉得心头的死结解开了，是呀！为什么她会有那种说不出的孤寂感？原来，世界上缺少一种像她一样的生物。想到这儿，她马上用手在池塘边挖了些泥土，和上水，照着自己的影子捏了起来。捏着捏着，捏成了一个小小的东西，模样与自己差不多。捏好后往地上一放，居然活了起来。

　　女娲一见，满心欢喜，接着又捏了许多。她把这些小东西叫作"人"。这些"人"是仿照神的模

盘古　传说在太古的时候，太空中有一个名叫盘古的巨人，一直在用他的斧头不停地开凿，企图把自己从围困中解救出来。经过一万八千年艰苦的努力，盘古挥出最后一斧，终于使天地分开，盘古也由此成为创世神，成了"顶天立地"的英雄。

■ 伏羲女娲图

共工 又称共工氏，为我国古代神话中的水神，其职责是掌控洪水。共工素来与火神祝融不合，因"水火不相容"而发生惊天动地的大战，最后共工失败而愤触不周山。另外还有一种说法，共工氏是黄帝王朝时代的一个部落首领。

样造出来的，举动自然与别的生物不同，居然会叽叽喳喳讲起和女娲一样的话来。他们在女娲身旁欢呼雀跃了一阵，便慢慢走散了。

女娲那寂寞的心一下子热乎起来，她想把世界变得热热闹闹的，让世界到处都有她亲手造出来的人。于是不停地工作，捏了一个又一个。但是世界毕竟太大了，她工作了许久，双手都捏得麻木了，但捏出的小人分布在大地上，仍然显得稀少。

女娲觉得这样捏下去不行，就顺手从旁边的树上折下一条藤蔓，将藤蔓伸入泥潭，沾上泥浆向地上挥洒。泥浆随着被挥动的藤条飞溅起来，纷纷落到池塘边的地上。

说来也奇怪，这些泥浆感应了她的神气，结果点点泥浆变成一个个小人，与用手捏成的模样相似，这一来速度就快多了。女娲见这种方法奏了效，就越洒越起劲了，大地就到处有了人。

女娲心满意足地看着自己用双手创造出来的人类欢快地生活在大地上，自己也每天都沉浸在幸福愉悦之中。就这样，女娲与自己创造出来的儿女们相依为命，共同生活在天地之间。

不知过了多少年，天地间发生了一场大战。这是水神共工和火神祝融之间的战争。这两个人都想独霸世界。有一次，他们相遇了，打了起来，真是水火不容。这一仗，共工惨败。

战败的共工又羞又恼，怒气冲冲地一头往不周山撞去。这一撞，力量太大了，竟然把撑天的柱子撞断了，天上马上出现了一个大窟窿。地上被震得横一道竖一道好多大深坑，地心涌出了洪水，江河湖海的水都冲上了岸，波浪滔天，一片汪洋。

山石撞击出的火花把山村烧着，熊熊大火把野兽赶出了山林，野兽到处逃窜，去残害人类。人类面临着巨大灾难。

女娲很难过，决心把天重新修补好。她站在大地中央，环顾四周，捡了许多五色石，堆在一起，用火烧成石浆，把天上窟窿填补好。她又砍了大龟的脚，立了大地的四极，又用芦苇烧成灰，把泛滥洪水的沟壑堵塞填平。当时中原大地上有条为害人类的黑龙十分厉害，还有许多猛兽、大鸟到处吃人。女娲首先杀掉了黑龙。其他野兽害怕了，纷纷逃进山中，不敢再肆意逞凶了。这样，人类获得了新生。

女娲为了让人类绵延不绝，特意建立了婚姻制度，使男女相

不周山 我国古代传说中的山名。相传不周山是人界唯一能够到达天界的路径，但不周山终年寒冷，长年飘雪，非凡夫俗子所能徒步到达。不周山具体在哪里有多种说法，最常见的说法是指帕米尔高原。

■ 女娲造人图

亲相爱，建立家庭，生儿育女。史书上记载，女娲向神祷告，请求让自己成为人类婚姻的媒妁，得到神的应允后，女娲亲自为部落中的人主持婚姻。由于女娲创造了华夏先民，立下丰功伟绩，成为遐迩闻名的女首领，因此被后人描绘成孕育人类万物、创建宇宙天地的神。

在女娲创造人类以后的一段漫长时期，为了生存，人们往往聚群而居，依靠众人的智慧和力量求得生存。那个时候，人们主要依靠狩猎和采摘野果来获取生活所需，通常集体出动追捕猎物或采摘果实，然后共同分享胜利果实。

经过长时期的不断发展，原始群落渐渐有了变化，开始以血缘关系为区分标准，形成了一个个群体，像这样以血缘关系为区分标准的群体被称为氏族。

通常一个氏族来自一个共同的祖先。氏族成员共同劳动，共同生活，共同消费，这样氏族社会由此产生了。

女娲塑像

在生产力极端低下的原始社会，氏族是人们赖以生存的基础，血缘关系是维系氏族成员的纽带。在氏族中，青壮年男子担任狩猎、捕鱼和防御野兽等任务，妇女担任采集食物、烧烤食品、缝制衣服，养老育幼等繁重任务，老人和小孩从事辅助性的劳动。

从简单的分工中，不难看出，妇女从事的采集比男子从事的狩猎有比较稳定的性质，是氏族可靠的生活来源，具有重要的意义。

那时候，男人和女人之间没有一定的配偶关系，氏族实行族外婚，繁衍的子女只知有母，母亲便成为后嗣唯一确认的尊亲。氏族也就是在一个母亲血缘纽带下形成的大家庭。

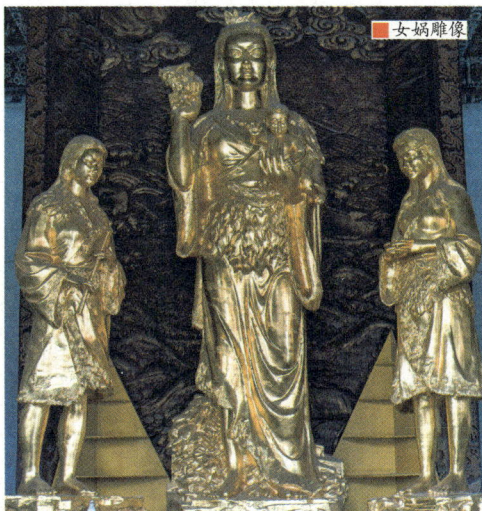
女娲雕像

这样，女性在氏族中的地位就更加具有重要的意义。她们的活动对维系氏族的生存和繁殖都起着极为重要的作用，因此，女性在氏族公社里占有重要的地位，有着一定的支配权。

通常在一个氏族公社里，女性们负责安排族内大小一切事务，其中包括分配劳动果实。这样的社会组织形式被称为母系氏族社会。母系氏族以母系血缘维系，并且由母系关系传递，即由祖母传给母亲，由母亲传给女儿，由女儿传给孙女，依此类推，永不间断。

阅读链接

　　妇女在长期的采集活动中，发现了植物生长成熟的条件，经过反复实践，反复认识，对作物生长的规律有了认识，她们在北方从狗尾草中培养出了谷子，在南方从野生稻中培植出了稻子，大约在六七千年前，农业由此得到了发展。因农业的发展，可以多出一些粮食喂养动物，逐渐驯养出了狗、马、牛、羊、鸡、猪等牲畜，进而出现了畜牧业。母系氏族也就由此进入了繁荣时期。

伏羲开创父系氏族社会

在母系氏族社会时期，有个华胥国。华胥国的女首领是个叫"华胥氏"的姑娘。一天，华胥氏到一个叫雷泽的地方去游玩，雷泽是一个巨大无比的大沼泽，气势磅礴，华胥氏一下子被吸引住了，她在雷泽边尽情玩耍起来。

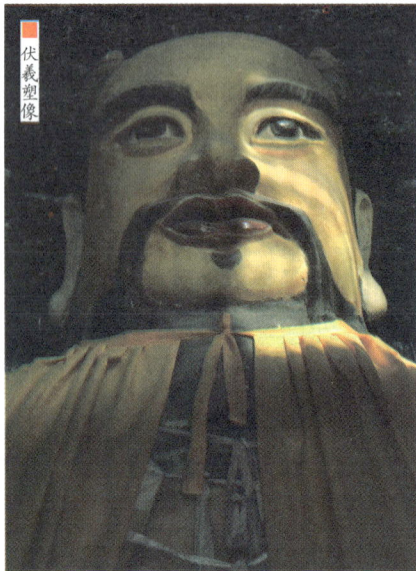

伏羲塑像

就在玩得兴致正浓的时候，华胥氏看到雷泽岸边的泥地上有一个巨人的足迹。她好奇地把自己的脚放进那个大的足迹中，这时，她忽然感到腹中悸动了一下，后来就有了身孕。

华胥氏怀孕12年后生下一个儿子，这个儿子有蛇的身体人的脑袋，华胥氏给他取名叫伏羲。相传伏羲长大后聪慧过人，那时

■ 伏羲庙

候，捕鱼还是人们一项重要的生存技能，伏羲试着用绳子交叉打结，渐渐地形成了一个网状的东西，用它在河里打鱼，一下子能捉到很多鱼。伏羲将这项技能教给人们。

人们按照伏羲教授的办法织网捕鱼，果然捕到很多鱼。人们将吃不完的鱼放在太阳底下晒干储存起来，等到日后找不到食物的时候，再取出来吃。

后来人们受到织网捕鱼的启发，把渔网改造了一下，在树丛中撑起来，做成了捕鸟的工具，这样一来，人们又可以捕捉到大量的飞鸟作为食物了，人们扩大了食物的来源，丰富了食物的种类。

有时候，人们捕获了大量的猎物，除了满足当时食用外，剩余部分都腐烂扔掉了，但有时候，又猎获

华胥国 又称"神仙国"，伏羲的故国。据史书记载，我国上古时期有过一个华胥国，且有遗址存在。"蓝田县内有华胥氏陵，史称三皇故居"。根据这些记载，华胥陵遗址在陕西西安蓝田县华胥镇宋家村。

■ 伏羲像

占卜 古代人们借助龟壳、铜钱、竹签等物品来推断未来吉凶祸福的一种手法。由于古代原始民族对于事物的发展缺乏足够的认识，因而借由自然界的征兆来指示行动。但自然征兆并不常见，必须以人为的方式加以考验，占卜的方法便随之产生了。

不到猎物。伏羲通过摸索特性，喂养圈育，驯化为家禽、家畜，保证了食物的供应，这使后人免除了饥饿的威胁。

改善了人们的饮食条件，人们由于有了充足而又稳定的食物，身体不断强壮起来，对未知世界的探究也越来越深入和广泛。

伏羲经过长时间仰观天上日月星辰的运行变化，俯察大地上山川河流的变化、体验春夏秋冬四时的交替轮回，以及风雨雷电的幻化运行，又通过对人身的形状与心神的依存协调的把握，伏羲总结出万事万物统一遵循的规律，他称之为"八卦"。

伏羲用阳爻"一"、阴爻"--"简单的符号，表达了一生二、二生三、三生万物的玄理。八卦就是运用了阳爻和阴爻相互重叠组合推演天地万物以示于人的系统。

组成八卦最基本的符号，即阳爻与阴爻。两者重叠组合，就生成八卦。八卦两两组合就生成六十四卦，用以推演天地万物变化，无穷无尽。

用八卦的重叠变化显示的卦象，加上卦辞、爻辞的解说，用以推断吉凶，占卜祸福，形成的一套理论体系就是易理。

随着社会生产力不断向前发展，男子在农业、畜牧业和手工业等主要的生产部门中逐渐占据主导地位，这就为进入父系氏族社会奠定了强大的物质基础。

劳苦功高的伏羲被人们推举为部族首领，文献记载伏羲有多种贡献，主要的有8项：

一是始作八卦；二是创造书契；三是创嫁娶之礼；四是结网罟，教民渔猎；五是钻木取火，烹饪熟食；六是设官理民，号称龙师；七是制瑟作乐；八是造历法，定节气。

在这些贡献中，"创嫁娶之礼"十分重要。相传，伏羲"始创嫁娶，以俪皮为礼"。意思就是伏羲创建了婚嫁制度。"俪皮"就是鹿皮，一说为两张鹿皮，是男女双方订婚的礼物。一说为一张鹿皮，划为两半，男女各拿一半为婚姻信物。

这样，从伏羲开始，氏族内建立了稳定的对偶婚制度，女性在家中的地位，逐渐被日益强大的男性所取代，母权制变成了父权制。母系氏族社会由此分裂成了许多个体的父权家长制族系，从此，社会开

伏羲画八卦图

始进入了父系氏族社会。

父系氏族是由若干家庭公社构成的。一个氏族或若干近亲家族聚居在一个村落或几个相邻的村落之内。父系家庭公社是父系氏族公社时期的社会基本单位，包括同一祖先的三四代的后裔。他们的土地和主要生产工具为集体所有，集体生产，共同消费。

父系家庭公社初期，生产的领导和管理建立在民主的基础上。家族长通过选举产生，一般为年事最长的男子，他们是生产的组织者。

父系氏族公社逐渐形成后，从此，以父权为中心的个体族系成为与氏族对抗的力量，原始氏族社会逐渐趋于解体。男子依靠经济上的优势，在社会生产和生活中占据了统治地位。他们必然要求按照父系计算世系、继承财产。

这个时候，原来对偶婚制下的从妻而居的传统，

炎帝 烈山氏，号神农氏，又称赤帝，我国远古时期部落首领之一，与黄帝并称为中华始祖。传说炎帝是人身牛首，他发明了农具耒耜，后来又发明了五弦琴以及陶器，还教百姓用麻织布。他与黄帝结盟并逐渐形成了华夏族，炎黄子孙由此而来。

■ 伏羲氏塑像

渐渐被一夫一妻制所取代。在一夫一妻制的影响下，妇女的劳动局限在家庭之内，以家庭劳动和家庭副业为主，女子在家庭经济中退居于从属地位。

在父系氏族之上，还有胞族和部落。胞族是较大的氏族，又称为"老氏族"，由几个有血缘关系的族系组成，是介于氏族与部落之间的社会组织。

通常每个部落有两个以上的胞族，每一个胞族内部，又分为两个以上的氏族。相邻的几个或多个部落结合起来，组成部落联盟。部落联盟是最大的原始社会集团。

原始社会后期，有几个著名的部落联盟，其中黄帝、炎帝和蚩尤是其中3个最著名的部落联盟的首领。部落联盟为了自己部落的生存和发展，经常爆发战争。最后，黄帝部落取得了最终的胜利，统一了各个部落联盟。

■ 黄帝征伐图

黄帝 古华夏部落联盟首领，我国远古时代华夏民族的共主，传说中的五帝之首，被尊为中华"人文初祖"。据说本姓公孙，后改姬姓。居轩辕之丘，号轩辕氏，建都于有熊，今河南郑州新郑市，亦称有熊氏。黄帝以统一华夏部落的伟绩载入史册，在位期间，播百谷草木，大力发展生产，始制衣冠，建舟车，制音律，创医学，等等。

黄帝统一华夏各部落客观上起到了稳定父系氏族大家庭体制的作用。随着社会的发展，生产力的进步，父系氏族内小家庭有了更多的独立性和自主性，父系大家庭逐渐分裂成众多的小家庭，氏族社会走到了瓦解的边缘。

当一夫一妻制个体家庭开始独立生产和生活时，家庭成为社会生产、生活的基本单位，氏族制度走到了历史的尽头。

大家庭分裂成各个小家庭以后，原来的大家庭称为"大宗"，分裂出的小家庭则称为"小宗"，进入西周后，家族这一称谓诞生了，它见于《管子·小匡》："公修公族，家修家族。使相连以事，相及以禄。"

虽然"家族"这一称谓到西周时期才出现，但实际上，家族的体制在此之前已经形成，在母系氏族公社时期形成的是母系家族；在父系氏族公社时期，形成的是父系家族。这种家族是大家族；而父系大家族中的若干父系小家庭则为小家族。

不管社会如何变迁，朝代如何更迭，历史如何变化，以父系血统为主体的社会组织形态基本上被保留和延续下来，并形成了独具特色的家族文化。

阅读链接

伏羲所处时代有多种说法。一种说法认为，伏羲处在原始社会由渔猎时代向畜牧时代过渡的时期；第二种说法认为伏羲处在母系氏族社会时期；第三种说法认为伏羲处在人类社会由母系氏族社会向父系氏族社会过渡的时期。

伏羲文化是中华民族的源头文化，具有丰富的哲学内涵和文化意蕴，对揭示中华文明起源和中华民族的形成，具有重要价值和意义。同时，伏羲文化也是凝聚中华各民族、孕育民族精神，开发民族智慧不可替代的源头力量。

姓氏在氏族社会中产生

在母系氏族社会时期，有一个氏族部落，其首领叫任，也称"皇"。任皇娶了丁女，生了3个儿子取名天皇、地皇、人皇，后世将他们称为"三皇"。人皇继承了父亲任皇部落首领的位置，被称为"帝"，生下儿子戊和女儿己。皇子戊娶了癸女，于是产生了帝族。戊与癸生了儿子取名舜，舜后来继承部落首领。

舜娶了一对姐妹，名叫娥皇、女英。娥皇、女英分别生了很多孩子。为了区分母亲，有一支癸女的后代，将母亲"癸"下加"女"，形成"姜"姓；另一支癸女所生的后代，将"癸"左边加"女"

大舜铜像

字，形成"姚"姓。

所以，姜姓、姚姓，是同父异母，他们都是帝的后代，因为母亲不同，形成了不同的姓。姚、姜皆因母得姓，皆为癸女之后。从此，姓氏便产生了。

那时，人们只知有母，不知有父。所以"姓"由"女"和"生"组成，这说明最早的姓是跟母亲的姓。从西周铜器铭文可以看出，有明确考证的姓不到30个，大多数都从"女"字旁，如姜、姚、姒、姬、娲、嬕、妊、妃、好、嬴等。

东汉著名文字学家许慎在《说文解字》里说：

姓，人所生也。因生以为姓，从女从生。

这就是说，人是母亲生的，故"姓"字为"女"

■ 娥皇女英塑像

《说文解字》简称《说文》，我国第一部字典，也是世界上最早的字典之一，同时也是我国第一部按部首编排的字典，作者是东汉的经学家、文字学家许慎。《说文解字》成书于汉和帝永元十二年，即100年。

字旁。后来南宋史学家郑樵在《通志》中也说：

生民之本，在于姓氏。男子称氏，所以别贵贱。女子称姓，所以别婚姻。

由此可见，姓是古人用以判贵贱、明世系、别婚姻的，体现了一个家族的群体性。

"姓"字从"女"从"生"，表示他或她都是由女性所生，这女性当然就是母亲了。世界上无论什么人，生下来后都会有一个姓和一个名，以表示他或她是属于某一氏族的成员。

"姓"即是子女，子女相为亲，亲在一起即组成为族，所以广义来讲，"姓"可作族属、族人解释，亦可以进一步将之理解为泛称的"族"的意思。

殷墟卜辞中"多生"即是指占卜主体的亲族。还有，西周金文中的"百生"，从铭文内容看，可以用来称本族族人，也可以泛指没有亲族关系的其他族的族人。

随着社会生产力的发展，母系氏族制度过渡到父系氏族制度，妻从夫居，子女不再属母族而归于父族，世系以父方计，所以母系姓族转变为父系姓族。大约从周代以来，人的姓大多从父了，即以父之姓为姓，并且代代相传。

■ 甲骨卜辞

金文 指铸刻在殷周青铜器上的铭文，也叫钟鼎文。金文的内容是关于殷周时祀典、赐命、诏书、征战、围猎、盟约等活动或事件的记录，反映了当时的社会生活。金文字体整齐遒丽，古朴厚重，同甲骨文一样，具有古朴的风格。

■ 有巢氏浮雕

上古时期，人少而禽兽多，人类居住在地面上，经常遭受禽兽攻击，每时每刻都有伤亡危险。在恶劣环境逼迫下，人类开始想办法解决这一问题。

生活在黄土高原上的人们受鼠类动物的启发，在黄土高原的山坡上打洞，人居住在里面，用石头或树枝挡住洞口，这样就可以预防禽兽的侵扰。

在气候寒冷的北方先民走向穴居的时代，畏寒不愿北迁的南方先民们，在恶劣环境逼迫下，他们也开始考虑自己居住的安全了。

有人受鸟雀在树上搭窝的启发，他指导人们用树枝和藤条在高大的树干上建造房屋，房屋的四壁和屋顶都用树枝遮挡得严严实实，既挡风避雨，又可防止禽兽侵扰，人们从此不再过那种担惊受怕的日子。

人们非常感激这位发明巢居的人，便推选他为当地的部落酋长，尊称他为"有巢氏"。据说这是人类第一次将"氏"用在人身上，用以表示尊敬。

有巢氏被推选为部落酋长后，为大家办了许多好事，影响很大，各部落人都认为他德高望重，一致推选他为总首领，尊称他为"巢皇"。

部落 一般指原始社会民众由若干血缘相近的宗族、氏族结合而成的集体。形成于原始社会晚期，也就是旧石器时代的中期和晚期。有较明确的地域、名称、方言、宗教信仰和习俗，有以氏族酋长和军事首领组成的部落议事会，部分部落还设最高首领。

那时候，人们还只能吃生食，过的是茹毛饮血的原始生活。生食腥臊恶臭，伤害肠胃，许多人生了疾病。后来，人们发现火烤熟的食物味美且易消化。

但是，因雷击等产生的自然火种很少，而且容易熄灭，人们很难得到并保留火种。这时有一个人，从鸟啄燧木出现火花获得启发，他就折下燧木枝，钻木取火，获得了火种。

他把这种方法教给人们，人类从此学会了人工取火，用火烤制食物、取暖、冶炼等，人类的生活进入了一个新阶段。于是人们称这位能人为"燧人氏"。

随着人口越来越多，那时维持生计的食物主要是猎物和植物果实。可是，天上的飞禽越来越少，地上的走兽也越打越稀，所得的食物就难以果腹了，怎样才能解决人们的食物呢？

有一天，一只周身通红的鸟儿，嘴里衔着一颗种子，飞在天空，掠过了一个人的头顶，九穗种子掉在了地上。这个人看有东西从鸟儿嘴里掉下来，就拾起来埋在了土壤里，后来就长出了一棵苗，不久苗

■ 燧人氏塑像

《左传》原名为《左氏春秋》，汉代改称为《春秋左氏传》，简称《左传》。旧时相传是春秋末年左丘明为解释孔子的《春秋》而作，实质上是一部独立撰写的史书，以《春秋》为本，通过记述春秋时期的具体史实来说明《春秋》的纲目，是儒家重要经典之一。

又结了穗。这个人就把穗上的粒子放在手里揉搓后放在嘴里，感到很好吃，他将粒子称为谷子。

这个人从中受到启发，他想要是把谷粒埋到土里，年年种植，年年收获，这样人们的食物就会源源不断了，人们的吃食问题不就解决了吗？

但是那时，五谷和杂草长在一起，哪些可以吃，哪些不可以吃呢？谁也分不清。这个人就一样一样地尝，一样一样地试种，最后他从中筛选出了菽、麦、稷、稻等五谷。

这个人将分辨菽、麦、稷、稻等五谷的方法教给了人们，又教会了人们种植五谷，逐渐满足了人们的吃食问题了。人们为了感谢这人，就给他取名为"神农氏"。

在远古时期，人们以氏来区别贵贱，贵者有氏，贫贱者有名无氏。在漫长的历史进程中，大多数在历史上拥有过共同血缘的人，因为有名无氏而消失得无声无息，只有杰出的人物，会因为做出了值得纪念的事情而得到一个"氏"号，从而使同姓的血缘获得流传，他们通过标记自己独特子孙，而成为一个新的姓氏。

■ 炎帝神农氏画像

如果说，最初的姓是标示某种母系或父系的更加古老的血缘，那么"氏"则体现这一血缘中的杰出人物，以及他们身上某种世所公认的事迹或历史渊缘。

氏的出现，从此分出血缘支系，让后世子孙在这一支系内单独呈现其血缘宗亲在远古时期的历史荣耀。

姓因存立时间久远，亲属数目的庞大，分支族氏的增多，其成员未必已能追溯到一个共同明确的祖先，亦未必都可以找到彼此间明确的谱系关系。而氏一般皆有明确的、可以追溯到一个人的始祖。

■ 神农氏画像

春秋时期左丘明的《左传·昭公》中言："肸之宗十一族，唯羊舌氏在而已。"可见羊舌氏即叔向所属宗族的十一支分族之一。同时期的《国语·晋语八》记载："终灭羊舌氏之宗者，必是子也。"这里的宗指的是同宗，即一个族系。由此可知羊舌氏本身构成宗族。

"氏"也专指族氏这种血缘亲族组织的名号，也可以说只是一种标志，如《左传》中可见有"某氏之族"之称，如"游氏之族"，所谓"某氏"仅专指该族氏之名。

家族之氏，已经见于西周金文，如散氏、虢季氏

《国语》是我国最早的一部国别体著作。记录了周朝王室和鲁国、齐国、晋国、郑国、楚国、吴国、越国等诸侯国的历史。上起公元前990年周穆王西征犬戎，下至公元前453年智伯被灭。包括各国贵族间朝聘、宴飨、讽谏、辩说、应对之辞以及部分历史事件与传说。

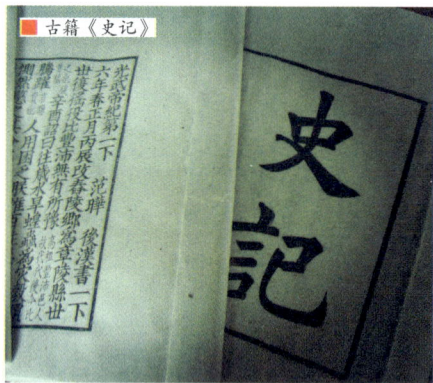
古籍《史记》

等。春秋金文中所见厚氏、于氏、彪氏、京氏都代表了一个家族。这种属于家族组织的氏与姓族的关系，如《史记·高祖本纪》索隐引《世本》所言：

言姓即在上，占氏即在下。

意思是说氏是统于姓族之下，二者有主体与分支的关系。

氏名的来源多种多样，如以邑为氏、以谥为氏、以官为氏等，同一家族可因居邑为氏，也可以族长的官职为氏，当时也经常出现命氏、别族等情况。在这种背景下，父子、兄弟不必同氏，人也可以有几个氏。

姓分化为氏，这是我国远古先民姓氏演进中的一个非常重要的时期。家族由姓氏衍生而来，一个家族通常只有一个姓氏。姓氏作为识别和区分家族的特定标记符号蕴含着丰富的寓意。

阅读链接

"姓"不仅来源母亲，还以地名为"姓"，如中华人文始祖黄帝住姬水之滨，就以姬为姓，司马迁在《史记·五帝本纪》中说："黄帝二十五子，其得姓者十四人。"《四语》中胥臣解释说："黄帝之子二十五宗，其得姓者十四人，为十二姓，姬、酉、祁、己、滕、箴、任、荀、僖、姞、儇、衣是也。惟青阳与夷鼓同己姓。"

姓氏的历史衍变和发展

秦代以前，姓和氏的含意不同，是各有所指的两个单音词。姓字的古形字是"人"和"生"组成的，意为人所生，因生而为姓。

东汉许慎的《说文解字》解释说：

> 姓，人所生也。占之神圣人，母感天而生子，故称天户，因生以为姓，从女生，生亦声，春秋传曰天子因生以赐姓。

甲骨文姓氏对照表

这是说最先姓是从母亲那儿来的。所谓"人所生也"即母所生之子女。

夏商周三代，姓的社会职能是代表有共同血缘关系的种族的称号，而氏则是从姓中派生出来的分支。《通鉴外纪》说：

姓者，统其祖考之所出；氏者，别其子孙之所自分。

姓起源较早，形成后也较为稳定；氏起源较晚并不断发生变化。《国语·周语》记载：

姓者，生也，以此为祖，令之相生，虽不及百世，而此姓不改。族者，属也，享其子孙共相连属，其旁支别属，则各自为氏。

"氏"字最初的意义已难知晓。在殷墟甲骨刻辞中仅见到一"氏"字，刻辞残破，含义亦不明。西周文字中"氏"字已经常见，其字义与东周文献中"氏"的含义大致相同，主要含义有6种。

第一种指称个人，有多种用法，如可以接在官名后，作官名的称号。接在爵位后表示尊称。接在字或亲称后表示一种较亲近的称谓，

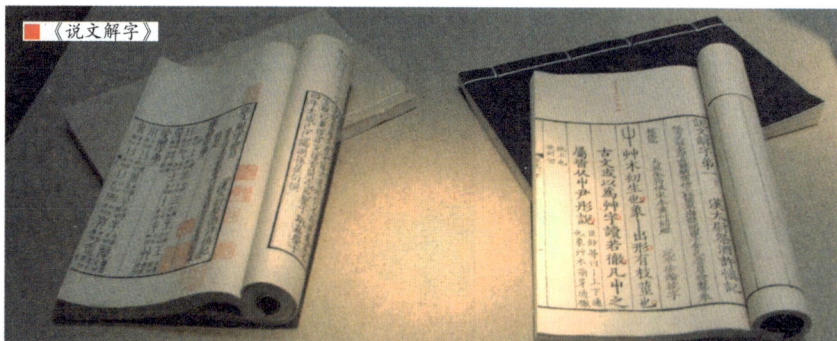
《说文解字》

■ 中华姓氏图腾

如伯氏、叔氏、舅氏。接在姓后，指属于该姓族的女子，如"姜氏""姞氏""任氏"等。

接在作为家族组织讲的"氏"的名号后，指属该家族个人，如叔孙氏、雍氏、庄氏。另外，东周称上古传说中帝王、部落首领亦在其名后加氏为称，如"黄帝氏""少昊氏""共工氏""祝融氏"等。

第二种与表示姓族之"姓"的意思相同，如《左传·昭公》载："姜氏、任氏，实守其地。"又如《国语·周语上》："王师败绩于姜氏之戎。"这里的"姜氏"即为"姜姓"，这种用法较少见。

第三种指一些上古的部族，这种用法只是偶用以称一些边远地外的部族，如《国语·周语上》中"犬戎氏以其职来王"，这里的"犬戎氏"指的就是上古的部族。

第四种指一种家族组织。《左传·哀公》中宋皇氏、灵氏、乐氏又称"三族"。《国语·晋语九》："智果别族于太史为辅氏"，意思是辅氏即是从智氏

少昊 也作少暤、少皓、少颢，己姓，他就是黄帝的长子玄嚣，又称青阳氏、金天氏、穷桑氏、云阳氏，或称朱宣，相传少昊是黄帝之子，是远古时羲和部落的后裔，华夏部落联盟的首领，同时也是东夷族的首领。中国五帝之首，中华民族的共祖之一，被后世尊为"大华夏显宗康皇帝"或"白帝"。

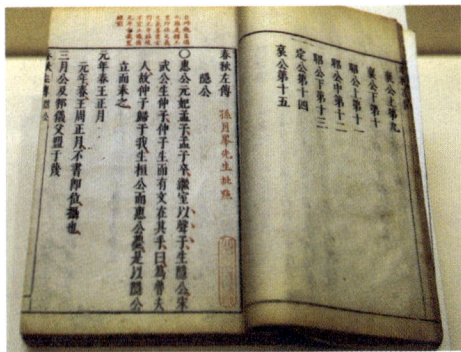

古籍《左传》

中所分立出来的，是智果近亲家族。

实际上《左传》《国语》中凡列国卿大夫家族多称"某氏"，如鲁桓公之后称"孟氏""叔孙氏""季氏"，齐国的"崔氏""田氏"，郑穆公的遗族统称"穆氏"等，皆属于氏的此种用法。

第五种"氏"可专指族氏这种血缘亲族组织的名号，也可以说只是一种标志。如《左传》中可见有"某氏之族"之称，如"游氏之族"，所谓"某氏"在这里仅专指该族氏之名。

宋史学家郑樵在《通志·氏族略》列举了多种氏名来源，如"以官为氏""以地为氏"等，此种"氏"均是指族氏的名号。

"氏"与"姓"一样具有"名""实"双重含义，"名"指族名；"实"指族的实体。由此可以进一步揭示作为亲族组织的氏的一个重要特征，即凡称"氏"，都表明该亲属组织有自己独特的名号。

第六种指一种血缘组织的特殊形式。在西周、春秋时代，作为贵族家族之"氏"，虽本身是血缘组织，但往往不是以单纯的血缘组织形式而是以一种政治、军事、经济共同体的形式存在，其自身作为这共同体的核心。此种共同体有时亦可以"氏"相称，如《左传·昭公》记载昭公伐季氏，叔孙氏之司马言于其众曰：

我，家臣也，不敢知因。凡有季氏与无，于我孰利？皆曰："无季氏，是无叔孙氏也。

由此可见，这些家臣、僚属是将"我"归入了叔孙氏之内。此时的叔孙氏严格起来讲，不是指叔孙氏家族组织，而是指包括其家臣、僚属在内的共同体。此种用法的"氏"显然是由"氏"的亲属组织含义引申而来。

秦汉以来，姓氏渐渐合而为一。《通志·氏族略》载，"秦灭六国，子孙该为民庶，或以国为姓，或以姓为氏，或以氏为氏，姓氏之失，由此始……兹姓与氏浑为一者也。"秦代的刻石《诅楚文》中，始见姓字为"女"字和"生"字的组合字，这一字形最终被东汉代学者许慎定型，成为会意字。

《通志》是一部以人物为中心的纪传体通史，南宋郑樵所撰。全书共200卷，主要记述自三皇五帝到隋朝的历史。因为在典章制度方面的突出，与《通典》《文献通考》并称为"三通"。

027

血缘伦理

家族文化

■ 姓氏灯笼

古籍《说文解字》

由于"姓"取决于血缘，生而有姓，故终生不变，世代相承；"氏"则可能源出君主所赐，后天而来，可因封赏、地域的变化而一变再变。秦始皇统一了全国之后，周朝的分封制随之瓦解，取而代之的郡县制，使得天下没有了公、侯、伯、子、男五等爵位，也没有了各自的封地。原先用来代表贵族身份的氏也失去了以往的光彩，只剩下标记直系血统的作用，与先前用来区别婚姻的姓没有什么差别。

不管社会变迁，历史演化，也无论何时何地，炎黄子孙总是会以自己姓氏为据，在华夏大地这个姓氏血脉相通地方认祖归宗。

阅读链接

姓族本身没有层次区别，但是氏却可以是多层次的。一个大氏可以包括由其分化出来的若干小氏。这种情况在商代比较明显，卜文所要论述的商代晚期青铜器铭文中的所谓"复合氏名"即显示了此种多层次的氏的存在形式。

多层次的氏组织随着血缘关系与其作用范围的减弱而渐渐不再盛行，渐向单层次发展。但较大的氏组织内仍包括若干分支，只是分支未必皆另立新氏。女子不论出嫁与否，都有固定的姓。但女子出嫁前与父同氏，出嫁后要随夫氏，所以可以夫氏为称，但亦可以仍以父氏为称。

以血缘定亲疏的宗法制度

随着社会的发展，漫长的原始母系氏族社会逐渐被父系氏族社会取代，并最终确立了父权在家庭中的统治地位，母系氏族社会"只知其母不知其父"的历史终于画上了句号。

父权家长制家庭普遍实行"一夫多妻制"，并在诸妻中分别嫡庶。东汉蔡邕所撰写的《独断》记载，三代的"一夫多妻制"情况是

周朝分封各诸侯

分封诸侯

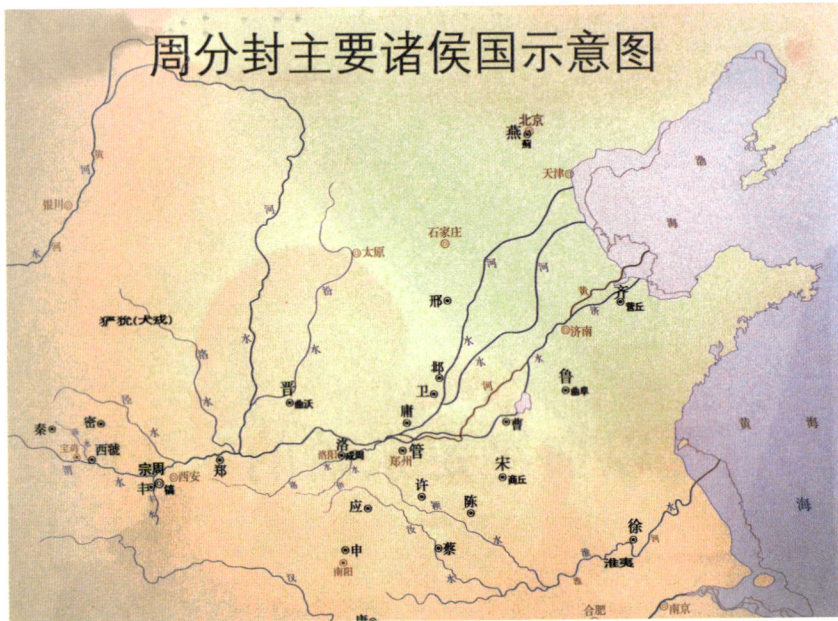

周分封主要诸侯国示意图

■ 周分封主要诸侯示意图

周武王（约前1087—前1043），姬姓，名发，周文王次子，西周王朝开国君主。在位期间，于公元前11世纪消灭商朝，夺取全国政权，建立了西周王朝。表现出卓越的军事、政治才能，成为中国历史上的一代明君。死后谥号"武"，史称周武王。死后葬于陕西咸阳周陵。

这样的：天子娶十二，夏制也，二十七世妇。殷人又增三九二十七，合三十九人，八十一部御女。

这里的"三代"指的是夏、商、周三个朝代。夏、商两代的国家最高统治者称"帝"。夏朝的帝位由儿子接任，偶尔也有传给兄弟的。商朝的帝位大多传给弟弟，最后由最年幼的弟弟再传给长兄的长子，或以行传给自己的儿子。

公元前11世纪，周武王灭商建立周朝，定都于镐京，他改"帝"为"王"。周王朝的王位明确规定只传长子，而且是"传嫡不传庶，传长不传贤"。

这个规定很明确，就是周家的王位要传给正妻的长子，其他庶出的，即使很贤明，也不得继承王位。

周王朝的这一制度被称为"宗法制"，它与我国姓氏有着直接的关系。凭姓氏决定出身的高低。

宗法制是一个非常复杂的制度，其主要精神为"嫡长子继承制"，这是一种以父系血缘关系亲疏为准绳的"遗产继承法"。这"遗产"包括统治权力、财富、封地等。

按照周代的宗法制度，宗族中分为大宗和小宗。周王自称天子，称为天下的大宗。天子除嫡长子以外的其他儿子被封为诸侯。诸侯对天子而言是小宗，但在他的封国内却是大宗。

诸侯的儿子被分封为卿大夫。卿大夫对诸侯而言是小宗，但在他的采邑内却是大宗。从卿大夫到士也是如此。因此贵族的嫡长子总是不同等级的大宗，也叫宗子。

大宗不仅享有对宗族成员的统治权，而且享有政治上的特权。后来，各王朝的统治者对宗法制度加以改造，逐渐建立了由政权、族权、神权、夫权组成的

031

血缘伦理

家族文化

■ 周幽王召见诸侯

■ 周公制礼

卿大夫 西周、春秋时国王及诸侯所分封的臣属。要服从君命，担任重要官职，辅助国君进行统治，并对国君有纳贡赋与服役的义务。但在其"家"内，为一"家"之主，世代掌握所属都邑的军政大权。一般情况下，卿的地位高于大夫，卿的田邑多于大夫，并掌握国政和统兵之权。

封建宗法制。

要想保持血统纯正，也就是要保证宗法制度得到正确无误的执行，必须首先严格区别嫡庶的关系。例如，天子世世相传，每个天子都是嫡长子继承父位而成为第二代天子，奉戴始祖，是为"大宗"。他的同父同母的弟弟，以及同父异母的兄弟封为诸侯，是为"小宗"。

每世的诸侯也是由嫡长子继父位为第二代诸侯的，奉始祖为"大宗"。他的众多弟弟封为卿大夫，是为"小宗"。每世的卿大夫也是嫡长子继父位为第二代卿大夫，奉始祖为"大宗"，他的诸弟为"士"，是"小宗"。士的嫡长子仍为士，其余诸子为庶人。

由此，可以断定，凡是大宗一定是始祖的嫡系子孙。因为大宗的始祖只能有一个，不可能有两个，所以大宗永远是大宗。至于小宗，由于族类繁衍的结果，分家出去，另立门户的人越来越多，小宗也就不断增加，一般情况下，到了五世就必须分出一些子孙。

帝王通常有众多嫔妃、妻妾所生的一大堆子女，如果不划分个先后次序，不立定个章法规矩，那就会乱套。这个章法就是以母亲的身份和儿子出生的先后，把所有的儿子划分为"嫡"和"庶"两类。

嫡，正妻为嫡，正妻所生的儿子称为嫡生、嫡子，即正宗之意。庶，旁支的意思，妾所生的儿子称为庶子、庶出。嫡为大宗，庶为小宗。古代大多数家族的嫡庶划分也是遵照这一标准的。

在陕西岐山地区生活的周部落，在古公亶父时，古公少子季历继承了王位，而长子泰伯、次子仲雍出奔长江三角洲，后来建立了吴国。季历传位于长子姬昌，姬昌又传位于长子姬发。姬发消灭商朝后，大力

古公亶父 姬姓，名亶，陕西旬邑县人，汉族人。"亶"后加一个"父"字，表示尊敬，并不是名叫"亶父"，"古公"也是尊称。另据推算，他是轩辕黄帝的第十五世孙、周祖后稷的第十二世孙，他是周朝先公，其后裔武王发建立周朝时，追谥他为"周太王"。

■ 古代诸侯朝觐礼

■ 记录西周宗法制度的青铜铭文

中元 我国传统节日，也是我国民间最大的祭祀节日，俗称鬼节、七月半，佛教称为盂兰盆节。正月十五日汉族称上元佳节，古已有之；七月十五日汉族称中元节，祭祀先人；十月十五日汉族称下元节，纪念贤人。

推行嫡长子继承制。自此，宗法制度被作为立国的原则世世代代延续了下来。

宗法制度不仅应用于周室的同姓间，而且和异姓诸侯间也有很大的关系。按照周朝规定，同姓不能婚配，而异姓则互为婚配，所以周天子称同姓诸侯为伯父、叔父，称异姓诸侯为伯舅、叔舅。

在西周社会里，依照血缘的亲疏远近分成许多等级，联系这种等级关系的是血缘，维持这种等级的则是礼制。在原始社会里，人们的意志和感情服从于集体，其言行以自然形成的风俗、传统为基本准则，反映在以血缘为纽带的家族中，就是无条件遵从家族的决定。

作为宗族首领，宗子拥有高居于普通族人之上的地位。在周代伦理中，宗族成员间只论宗子与普通人的关系。宗子有权主持祭祀，主祭权象征着一种身份，在宗法社会中备受重视。

宗子有权掌管本宗的财产，还有权利掌管宗族成员的婚丧等事务。宗族成员每有大事，必须禀告宗子。另外，宗子有责任帮助族人料理婚丧等事务。另外，宗子对宗族成员有教导权和惩罚权。

宗子是族人依赖和服从的主要权威，也是朝廷借以管辖宗族的中介。周代宗子普遍拥有家臣。宗族在本质上是以血缘为基础的团体。周代时，人们称宗族为家，一般情况，大多宗族成员都效忠于"家"。

为了有效管理宗族与家族事务，每一宗族还要推举族长。族长是家族的权威，交涉与其他宗族的关系，对内管理家族内部事务。

通常，族长职责有四：第一是协助宗子主持宗族祖先祭祀。正旦、清明、中元、冬至都是祭祖的日子，凡是设立了宗子的宗族，族长协助主持祭祀。如

祭祀 是华夏礼典的一部分，更是儒教礼仪中最重要的部分。是按着一定的仪式，向神灵致敬和献礼，以恭敬的动作膜拜它，请它帮助人们达成靠人力难以实现的愿望。祭祀有严格的等级界限。天神地祇只能由天子祭祀。诸侯大夫可以祭祀山川。士庶人则只能祭祀自己的祖先和灶神。

■ 古人行礼图

果没有设宗子的家族，就由族长独立主持祭祀。第二是管理族产。第三是主持调解家族内部矛盾，公平判决家族内部争端，惩戒违反家训族规者。第四是代表本家族与官府及其他家族交涉协调。

在宗族之下，有不同的分支，这些分支俗称房头，各房头有房长，房长也是经家族推举而产生的，职责是管理本房事务，如明朝万历年间制定的《余姚江南徐氏宗范》："族中支派繁衍，似不可以一二人主之。每房各立房长，以听一房斗殴、争讼之事。"

如果与别的房头有了矛盾，先由房长之间共同协商处理，如双方不满意，再禀告族长、宗子等各家族公议处理。族长、房长是家族事务管理的执行人，如果他们不能很好地履行职责，族众可以通过公众会议将其罢免，重新选举新的家族领导。

宗法制度导致父系单系世系原则的广泛实行，并造成家族制度长盛不衰，家族长盛不衰主要体现在祠堂、家谱、族权上。家族制度很多内容皆来自宗法制度，很多时候，宗法制度和家族制度纠结在一起，相互影响，相互作用，进而影响到生活的方方面面。

阅读链接

武王和周公的关系，从血统上来说，是兄弟，但从政治上来说已变成君臣关系，因此，只有武王才有祭祀文王的特权，周公是没有这种资格的。周公只有在武王的统帅之下，才能参加祭典文王的活动。这是因为武王是周公的大宗。

周公被封到鲁国后，他是鲁国的始祖。依据规定，则"继承者为小宗"，所以周公的儿子伯禽及其嫡系后裔，对周天子来说，就变成了小宗。但在鲁国内，他是继承其始祖周公的。按照"别子为祖，继别为宗"的规定，伯禽又是大宗。被分封为卿大夫的周公的其他儿子，即伯禽的诸弟，对于伯禽来说，又变成了小宗。

繁缛复杂的冠婚丧祭礼仪

　　礼，是人们在社会生活中依据各自的身份所应遵循的行为规范；仪，是使礼得到体现的具体仪式。自古以来，我国号称"礼仪之邦"，礼仪渗透到社会生活的各个环节，包括家族生活的方方面面。

　　如行走之礼。在古代家族中，常行"趋礼"，即族中地位低的人在地位高的人面前走过时，一定要低头弯腰，以小步快走的方式对尊者表示礼敬，这就是"趋礼"。

朱熹画像

　　后来南宋时，著名大儒朱熹撰写了《家礼》一书，其中依据古时礼仪，并参考北宋时司马光撰写的《书仪》，对士大夫的冠、婚、丧、祭四礼作了设计，而加冠、结婚、丧

周文王（前1152—前1056），姓姬名昌，黄帝的后裔，季历之子，华夏族人，西周奠基者。商纣王统治时，他被封为西伯，也称伯昌。他治理岐山50年，使岐山的政治和经济得到了极大发展。其子姬发得天下后，追尊他为"周文王"。孔子称周文王为"三代之英"。

葬、祭祀，是古代人们在人生历程中最重要的四件大事。这四方面的礼仪，确是当时的家庭和家族所要践行的最重要的礼仪。

古代人们的家族中，真正的"礼"是从"冠礼"开始的，正所谓"礼始于冠"。"冠礼"就是成年礼，也称成丁礼。

冠礼起源于奴隶社会，实行于周代，按周朝制度规定，男子20岁行冠礼，但是天子诸侯为早日执掌国政，多提早行礼。传说周文王12岁就行冠礼，周成王15岁行冠礼。

古代的冠礼通常在宗庙内举行，举行日期在二月。举行冠礼的前十天内，受冠者要先卜筮吉日，10日内无吉日，则筮选下一旬的吉日。然后将吉日告知亲友。

在冠礼前3日，又用筮法选择主持冠礼的大宾，并选一位"赞冠"者协助冠礼仪式。行礼时，主人，一般是受冠者之父，还有受冠者都穿礼服。加冠，即给受冠者戴上表示成年的帽子。一般由受冠者的父亲来为受冠者戴上这顶帽子。

加冠结束后，受礼者

■ 古代的冠礼

受冠者祭祀祖先

家族文化

拜见母亲。接着为受冠者取字。有了字以后，家族中跟他同辈的人，比他小的晚辈，都不能直呼其名，而要称他的字，以示对他的尊重。

取完字以后，受冠者要祭祀祖先，祭祀后，要拜见伯、叔。加冠、取字、拜见长辈之礼，后世因时因地而有变化，加冠的年龄也自15岁至20岁举行，各地不一。

加冠礼对家族来说，是一项大事，对受冠者来说，更是意义重大。加冠以后，受冠者从此将由家庭中毫无责任的"孺子"转变为正式跨入社会的成年人，只有践行孝、悌、忠、顺的德行，才能成为合格的儿子、合格的弟弟、合格的臣下、合格的晚辈，成为各种合格的社会角色。

婚礼是旧时家族中顶顶重要的大事，其礼仪自然也得到了高度重视，"礼本于昏"，这里的"昏"通

宗庙 我国的宗庙制度是祖先崇拜的产物。人们在阳间为亡灵建立的寄居所即是宗庙。帝王的宗庙制是天子七庙，诸侯五庙，大夫三庙，士一庙。庶人不准设庙。同时宗庙也是供奉历朝历代国王牌位、举行祭祀的地方。同时也指朝廷和国家政权的代称。

■ 古代婚俗彩礼

"婚"，旧时的家族婚礼非常繁缛，而且各地的情况也不一样。

相传我国最早的婚姻关系和婚礼仪式从伏羲氏制嫁娶、女娲立媒约开始。《通鉴外纪》载：

> 上古男女无别，太昊始设嫁娶，以俪皮为礼。

"俪皮"即鹿皮，是那时候婚嫁的聘礼之一。之后，除了"俪皮之礼"之外，还"必告父母"；到了夏商，又出现了"亲迎于庭""亲迎于堂"的礼节。

周代是礼仪的集大成时代，那时逐渐形成一套完整的婚姻礼仪，儒家十三经之一的《仪礼》中有详细规制，整套仪式合为"六礼"。

"六礼"即：纳采、问名、纳吉、纳证、请期、

儒家十三经 儒家十三部经典著作，分别是《诗经》《尚书》《周礼》《仪礼》《礼记》《周易》《左传》《公羊传》《谷梁传》《论语》《尔雅》《孝经》《孟子》。儒家十三经作为反映先秦历史和文化状况的古籍，具有很大的价值。

亲迎。后来改为：订盟，俗称"贴定"；文定，俗称"食定"；请期，俗称送日；纳彩，俗称回婚；催妆，又叫探头；完娶。

纳采是男方向女方正式求婚的第一步，是男家请媒人到女家提亲，获准后备彩礼前去求婚。问名，是男家请媒人问女方的名字、生辰，然后去宗庙占卜，请示吉凶。

纳吉是男家卜得吉兆后通知女家，决定订婚。纳征，又称纳币，是男家送聘礼到女家。请期是男家择定吉日为婚期，去女方家请女家同意。亲迎是新郎来到女方家迎娶新娘。

西周的"六礼"已初步奠定了我国传统婚礼的基础，对后世影响极大，以后历朝历代家族的聘娶婚大都源于此。又经历朝历代的发展，使各种各样的婚礼

《仪礼》为儒家十三经之一，内容记载着周代的冠、婚、丧、祭、乡、射、朝、聘等各种礼仪，其中以记载士大夫的礼仪为主。秦代以前篇目不详，汉代初期高堂生传仪礼17篇，又称作《礼经》，为"五经"之一。此书文字艰涩，内容枯燥，治史者对它望而生畏，而且是"三礼"中成书较早的一部。

■ 古代人婚礼习俗

仪节更趋繁缛、热烈。

结婚意味着今后你不仅要为自己考虑，还要为对方考虑。不仅要为自己的家庭考虑，还要为对方的家庭考虑，同时负有对后代教育的责任。要上对得起祖先，下对得起子孙，所以显得异常重要。

在古代各种礼仪中，葬礼也是被高度重视的家族礼仪，"重于丧祭"。古代大多数家族是严格依照旧时代礼法举办丧事的。早在西汉时，人们习惯用木椁墓，多无基室。西汉末年，逐渐流行石室墓。东汉重厚葬，高官显宦宗室之家多用豪华石室墓，普通人家墓穴较为简陋。

东汉以后，多数家族实行土葬，一般仍用木椁无室墓，富贵人家多用砖室墓、石室墓。帝王、贵族、显贵以及官宦墓前有墓碑，碑中有墓志，普通人多无

墓志 放在墓里的刻有死者生平事迹的石刻。墓志分上下两层，上层为"盖"，下层称为"底"，底部刻有墓志铭，盖上刻有标题。墓志铭是古代文体的一种，通常分为两部分：第一部分是序文，记叙死者世系、名字、爵位及生平事迹等称为"志"；后一部分是"铭"，多用韵文，表示对死者的悼念和赞颂。

■ 古代墓葬石棺

■ 东晋墓葬

墓志，但葬礼的礼仪和程序大致相同。

许多家族葬礼严格依照礼法举行。为官者依朝廷礼仪等级丧葬。普通人家依族规、礼法丧葬，没有等级之分。丧葬仪程分初终、装殓、报丧、成服、吊唁、接三、成主、发引、居丧等。

如果一个家族不按礼法行事，会被人耻笑，认为没有教养，在社会上很难立足。一些家族为了防止子孙出现"败坏门风"的事，便在家谱中明确规定了丧葬礼节，甚至连仪式的程式都作了详细的说明。

大多数家族的族谱中有丧葬不论贫富，凡本家之人都应依礼法行礼的条款，明确规定：不能因富而废礼，不能因贵而失长幼尊卑之序；而且大多有互助丧事的训条。

很多家族都有本族的祖先墓地，在祖先祭日，全家族要到墓前拜祭。各家族的公共墓地，称作祖坟。

官宦 我国古代被阉割后失去性能力而专供皇帝、君主及其家族役使的官员。又称寺人、阉（奄）人、阉官、宦者、中官、内官、内臣、内侍、内监等。唐高宗时，改殿中省为中御府，以宦官充任太监、少监。后宦官亦通称为太监。

■ 古老的郭氏宗祠

孔子（前551—前479），名丘，字仲尼，我国古代的大思想家和大教育家、政治理论家，儒家学派的创始人。集华夏上古文化之大成，在世时被誉为"天纵之圣""天之木铎"；被后世统治者尊为孔圣人、至圣先师、万世师表。

如分支过多，各支、各房还有自己本支、本房的公共墓地。

至于祭礼则更为家族所重视，对祖先的祭祀是家族最重要、最严肃、最重的礼制，"礼有五论，莫重于祭"。

早在春秋战国时期就流行这样的观念"国之大事，惟祀与戎"，意思是说，祭祀祖先和众神，是与通过武力手段平定天下同等重要的家国大事。

儒家创始人孔子为此作了注解，他说："生，事之以礼；死，葬之以礼，祀之以礼。"并说："事死如事生。"意思是说家族后人对于长者，生前要尽心尽力侍奉，死后也要同样尽心尽力地侍奉，如同在世时一样，这就是孝道，也是最基本的礼仪。

儒家提倡祭祖，主要不是因为迷信，而是从道德教化的角度来考虑的。孔子说："慎终追远，民德归厚矣。"意思就是，家族后人只有在日常生活中经常想到自己的幸福生活源自祖先的繁衍生息，饮水思源，才能保持淳朴厚道、和睦宗族的道德品质。

宗祠又称祀堂、祀庙、家庙、祀室等，是家族隆重举行祭祀祖先仪式的地方，也是家族的象征。

自古民间就有修建祀堂的习惯，宋代理学家朱熹提倡建造家族祠堂，他提倡每个家族建立一个奉祀高、曾、祖、祢四世神主的祠堂四龛。

到了明朝，明太祖朱元璋大力提倡，祭拜祖先、建造祀堂的风气由此更盛。清代时，建造祀堂已经蔚然成风，江南一带聚族而居的家族，真正做到了"族必有祠"。

宗祠，除了作为祭祀场所之外，还是执行族规家法的地方。族人的冠礼、婚礼、丧礼基本上都是在祠堂进行的。有的宗族还规定族人之间或族人家庭之中发生争执，都要到祠堂中裁决。所以，在封建时代，祠堂在一定意义上又成了衙门，具有"公堂"的性质。

祠堂又分总祠、支祠、分祠。总祠为全家族祭祀共同祖先的场所。人口众多的家族，设总祠、支祠，如分支再多，便在支祠下面设分祠。总祠供

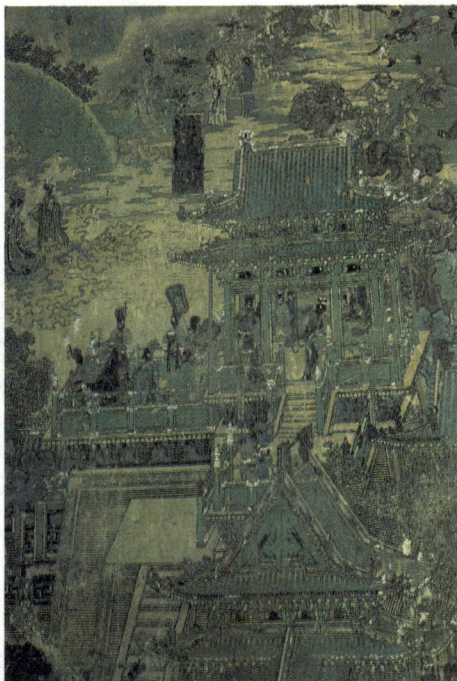

■ 古代祭祖扫墓

衙门　旧时称官署为衙门。是由"牙门"转化而来。其别称是六扇门。猛兽的利牙，古时常用来象征武力。汉末时，"牙门"成了军旅营门的别称。这一名称逐渐移用于官府。唐朝以后，"衙门"一词广为流行。到了北宋以后，人们就几乎只知道"衙门"而不知有"牙门"了。

血缘伦理

家族文化

奉的为一族之始祖及分支以前的祖先，而支祠供奉的为本支始祖，分祠所祭祀的多为本房始祖。

宗祠中祖先的牌位都有严格规定，何人可以入祠，何人不可以入祠，始祖必须入祠。依礼法，始迁祖牌位放正中央，为全族共祖。始迁祖以下，按左昭右穆的顺序。除始迁祖以外，其他祖先的牌位多放于祧室，祧室是正室旁边的小室，到大祭时再取出来。

一些有特殊贡献的祖先，可以入祀不祧，即不放入祧室而和始祖一起放在正堂中。始祖以下诸祖，可否入祠，则要根据具体情况。一般而言，德高望重，有功名，或对本族有过贡献的祖先，入祠的可能性比较大；默默无闻或对本宗族没有什么贡献的人，多数难以入祠。

祠堂祭祀都有一定要求和规定，祭祀日一般都选在各个节气，如春分、清明、冬至等。一年中冬至、

■ 古代祭祖图

■ 古人春节祭祖图

清明两次是最隆重的祭祀。

此外，在岁时佳节，有些家族也有祭祀祖先的习惯，但不一定是全族合祭，有时在各个家中祭祀。有些家族在每月的初一、十五也要祭祀，也称为朔、望之祭。

一个家族经过几代之后，子孙繁衍甚多，有些家族聚族而居，而有些族人则分往各地，如果没有祠堂祭祀这样经常性的活动，血缘关系往往会日渐淡漠，互相间也会很少往来，因此，祠堂祭祀活动是旧时家族内部加强亲情、维系血缘关系的一种手段，很多家族对祭祀都非常重视。

祠堂设专人管理，称为祠正，或祠内司事，通常为两人。充当祠堂管理者是要具备一定条件的，一般是在族中长辈中产生。

在祠堂中，无论四季祭祀还是日常情况下，都有

冬至 我国农历中一个重要的节气，也是中华民族的一个传统节日，冬至俗称"冬节""长至节""亚岁"等。冬至是二十四节气中最早制定出的一个，时间在每年的阳历12月21日至23日之间，这一天是北半球全年中白天最短、夜晚最长的一天。冬至这一天，北方大部分地区有吃饺子、南方有吃汤圆和南瓜的习俗。

■ 朱熹祠堂正厅

一定要求和规定。此外，祠堂作为一个家族的标志与中心，还需要制定一定的规则，称为祠规，以供族人遵守。

在我国封建社会时期，作为社会结构的重要组成部分，家族需要讲究的礼仪很多，很繁缛，涉及方方面面，通常情况下，每个地区的家族礼仪有所不同，甚至会有很大的差异。随着社会的发展，家族礼仪也在不断变化，有些礼仪消失，同时也会增加新的礼仪。

阅读链接

祠堂的建筑大多讲究"风水"，通常是在祖先最先居住的地方，将旧房改建成祠堂。一些家族建宅时，往往先建祠堂。

旧时家族的宗祠都建筑得异常庄严，多为四合院结构，成为一个相对独立的建筑群。对于一个家族而言，祠堂是家族存在的象征。宗祠规模的大小，直接反映了该家族的兴衰状况、社会地位，是家族的门面，所以，一个家族在建造祠堂时，族长大多会发动全族的力量，选用当时最好的石料和木料等，使家祠的规模尽可能地宏伟庞大。

约束族人行为的家法族规

　　族规由来已久，原始氏族社会时期，就已经有了"族规"，只不过那时的族规还不是一个家族的规矩，而是一个氏族公社的规矩，图腾禁忌就是一种族规，是一种氏族内部的约束力量。

　　汉晋时期，世族、士族的势力很大，世家大族由贵族家庭成员与

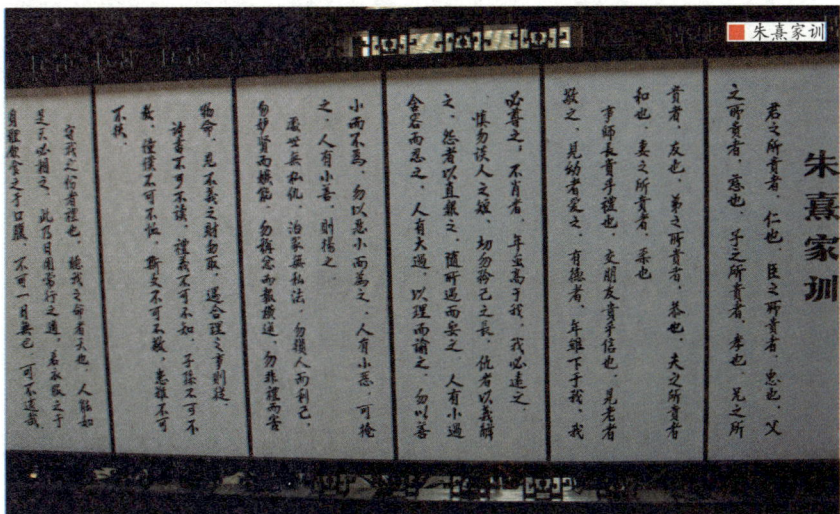

依附他们的亲族或家奴组成，世家大族内部关系不平等，因此依靠一般社会礼法制度约束子弟与部曲，并不需要另立对家族成员具有同等约束力的族规。

对于家族成员以劝诫为主，强调精神的认同与思想的规范。这一时期的家训表现突出。"家法"的概念就是在这个时候产生的，可见于汉儒治经。

在两汉时期，东方朔、郑玄、诸葛亮、嵇康等许多名人，或撰有"诫子"，或撰有"家诫"、"女诫""清诫""诫盈""起居诫"等，皆有家诫家训传世。

这些家诫家训基本上都是以儒家伦理道德规训警诫自己的家族和子孙。诸葛亮在54岁时为8岁的儿子诸葛瞻写了《诫子书》。全文仅八十六字，却深刻地阐述了修身养性、治学做人的道理，其中"夫君子之行，静以修身，俭以养德。非淡泊无以明志，非宁静无以致远"，成为后人进行自修的格言。

东汉末年的崔寔仿古月令所撰写的《四民月令》，记述世族田庄从正月至十二月例行的农桑耕织、制作商贸、教学礼仪、建筑修缮、守庄防盗等工作和生活内容，既是世族生活的事项安排，也是世族内部的法律规制。

南北朝时期，处于乱世中的士

■《朱子家训》

大夫热衷于撰写家训，家法逐渐演化为礼法，教条化为家规。北齐颜之推是儒者，又崇佛法，他撰写的《颜氏家训》最为典型，"古今家训，以此为祖"。其文重在道德教导，兼含规范约束，目的在于"整齐门内，提斯子孙"，内容则涉及家族生活的各个层面。

唐代时，居家更重视礼法。家诫家训进一步发展为更规范的家规家法，唐初文学家韩愈诗中有句"诸男皆明秀，几能守家规"，就说明了对家规的重视。其所称家规不一定有具体所指，但可以说明当时家规的普遍存在。

作于唐昭宗时的江州陈氏《义门家法》是较早的关于家法的书。陈氏是陈后主的弟弟，唐朝前期迁居江州德安县太平乡常乐里永清村，在这里建书堂，撰家规，世代聚族而居，至宋仁宗嘉祐七年，即1062年，奉旨分家时，已同居十余代，历时230年，全家有3700多人。

唐代时其六代传人江州长史陈崇，认为：

治家不可不立纲纪，夫纲纪不举，则条目不纲纪一振，则条理秩然矣。

在这种思想下，陈崇订立了《义门家法》。该书约33条，主要内容有3个方面：一是规范家族结构；二是设立负责家内外各种事务的主事、副事、库司、庄首、勘司等管理人员；三是规定全家男女老幼的

古人《家训》书法作品

■ 古代家族施行家法设施

宗谱 又称族谱、家乘、祖谱、宗谱等，是一种以表谱形式，记载一个以血缘关系为主体的家族世系繁衍和重要人物事迹的特殊图书体裁。宗谱以记载父系家族世系、人物为中心，是由记载古代帝王诸侯世系、事迹而逐渐演变来的。

权利、义务，应守规则和违规处罚。

由唐至宋，宗族组织普遍，家规由一家一户的家训，转变成专门约束家庭成员的规章，家法、族规成为封建社会国家法律的重要补充。

这个时期，儒学复兴，理学盛行，不仅国家法律继续以儒家学说为指导，家族法的伦理性也进一步得以加强。理学家主张恢复古代宗法，重建家族制度。

朝廷也鼓励士大夫建宗祠、修宗谱。名臣欧阳修、苏洵重修家谱成为当时社会的榜样，家谱中的"谱例"则成为家族法中新的重要形式，如司马光的《居家杂仪》、朱熹的《家礼》等。明代明太祖朱元璋也非常重视家法的制定，他曾自作《圣训》六言：

孝顺父母，恭敬长上，和睦乡里，教训子孙，各安生理，无作非为。

上行下效，当时，无论是上层家族，还是普通百姓家庭，纷纷仿照《郑氏规范》订立家法族规。这个时候，家法族规中虽然仍有着家训的因素，但其惩戒规条增多，惩罚强度加重。

家训和家法是不同的，家训是劝诫性规范，重在言教，没有强制措施；家法族规是禁止性规范，有明文的惩罚规定，以保证家法族规的实施。

清代，顺治、康熙二帝都仿洪武帝朱元璋作有《圣谕》，民间家族法也进一步兴盛，不仅更严密，而且系列化，出现了大量单一性的规范，有《族祭项条例》《义田总例》《敦亲项条例》《恤族项条例》《应试项条例》《垂裕岁修项条例》等十多种单项规范。

另外，这个时期，对违反家族法的惩罚方式进一步增多，惩罚的力度进一步加强，与现实政治也有了密切的关系。

总之，家法族规作为一种家族自治的规范，其蕴含的历史和文化元素非常丰富，它深深地打上了时代和文化的烙印，是中华传统文化的重要组成部分。

阅读链接

明清时家训族规的主要内容有：第一，孝悌。"百善孝为先"，孝悌是家族伦理的核心，家训族规首倡孝悌。第二，耕读为本。"耕读传家久，诗书济世长"的门联常常见于乡村老屋。乡民对娼优隶卒等贱业十分不齿。第三，修身。节俭勤业、尊师重道、正直廉洁、恪守礼教等修身标准。第四，整肃门户。严格区分男女界限，不得非礼接谈。第五，严守尊卑秩序。第六，善择婚姻。注意门当户对。第七，慎选继子，以防家系的紊乱。第八，丧葬宜俭。

体现家族背景的门第习俗

　　相传，东晋时期，浙江上虞县祝家是一个大家族，祝家有个千金小姐叫祝英台。祝英台是个独生女，美丽且聪明，深得父母宠爱。

　　祝英台长到十五六岁的时候，想到外面去读书求学。但在那个时代，男子可以到外面读书，而女子却不允许外出，只能守在家里，大

■ 万松书院梁祝书房

门不出，二门不迈。因此，她的这一要求遭到了父母的严厉拒绝。

祝英台为了实现自己的理想，她女扮男装，骗过父母，只身来到杭州万松书院读书。为了不引起麻烦，祝英台一直女扮男装，以男性的身份与外界交往。

与祝英台同在万松书院读书的有一个青年叫梁山伯。梁山伯来自一个贫寒的家庭，父亲早逝，是母亲含辛茹苦地把他养大，并送他到杭州读书，希望能有一个好的前程。

■ 梁山伯与祝英台十八相送

梁山伯与祝英台同室读书，两人志同道合，十分谈得来，从相识到相知，从相知到心心相印，感情一天比一天深厚，最后成为最要好的朋友。两人拜了兄弟，发誓虽没同年同月同日生，但愿同年同月同日死。

梁山伯与祝英台同窗3年，一起学习，一起生活，到了毕业的时候，两人依依不舍，在送行的路上，祝英台看见树上的鸟儿成双成对，就以此来比喻男女成婚，但梁山伯根本没想到与自己一起生活的好兄弟是女儿身，所以并没有领会到祝英台的深意。

祝英台见梁山伯没有明白自己的喻意，在分手的时候，只好编话说，自己家有一位才貌双全的小九

万松书院 始建于唐贞元年间，原名报恩寺。明弘治十一年，即1498年，浙江右参政周木将报恩寺改辟为万松书院。明代的理学家王阳明曾在书院讲学。清康熙帝为书院题写"浙水敷文"匾额，遂改称为敷文书院。

梁山伯与祝英台读书图

妹，自己愿意做媒人，将她嫁给梁山伯，希望他明年来祝家求婚。

两人分手后，梁山伯回到母亲身边尽孝，偶然的一次，他回到书院看望老师，从师母口中得知与自己朝夕相处的好友祝英台是女儿身，他一下子明白了分手时祝英台以成双成对的鸟儿比喻男女成婚的用意。

他急急忙忙赶往祝家，急切地想要见到祝英台。来到祝家的大门前，却被看守祝家的门丁挡了回去。祝家是个有钱有势的大户人家，根本不会让一个穷书生进入府内的。

和门丁的争吵声惊动了在闺房的祝英台，她央求父亲让她见梁山伯最后一面，父亲无奈答应了。

祝英台和梁山伯一见面就抱头痛哭，含着热泪，祝英台告诉梁山伯，父亲之所以不允许他们相会，是因为祝家已经把她许配给了一个姓马的大家族做儿媳。要嫁的人叫马文才，有万贯家财，千顷良田，家族的许多亲戚都是当朝的大官。

祝英台和梁山伯的谈话还没有结束，梁山伯就被祝家的人无情地赶走了。

造成祝英台和梁山伯爱情悲剧的罪魁祸首就是门第观念，魏晋时期的婚姻讲究门当户对，大家族是要和大家族联姻的，小门小户一般情况是很难高攀上有钱有势的大户人家的。

血缘脉系

家族家谱与家庭文化

门第习俗由来已久，"门第"一词始见于《魏书·世宗纪》："而中正所铨，但存门第，吏部彝伦，仍不才举。"

门，原指大门，第，原指房屋。过去人们家庭等级、富裕程度、社会地位等，完全可以通过他们家的大门和居住的房屋看出来，因此，门第又称"门户""门楣""门望"等，成为一个家族在社会上的政治地位及身份的象征。

魏晋南北朝时期，士族的势力大为增强，门第观念已经凸显出来，家世的高低贵贱成为决定仕途的主要因素，朝中重要官职几乎完全把持在几个大家族手里，社会上每个人身份的贵贱，都是由其家族的门第高低决定，士家大族与寒门庶族之间等级森严，有一条巨大的鸿沟不可逾越。

血缘伦理

家族文化

士族 又称门第、衣冠、世族、势族、世家、巨室、门阀等。门阀，是门第和阀阅的合称，指世代为官的名门望族。门阀制度是两汉至隋唐最为显著的选官系统。直到唐代，门阀制度才逐渐被科举制度所取代。东晋会稽是士族的巅峰。

■ 梁山伯与祝英台化蝶双飞

曹雪芹（约1715—约1763），名沾，字梦阮，号雪芹，又号芹溪、芹圃，清代著名小说家。其爱好涉及金石、诗书、绘画、园林、中医、工艺、饮食等。他出身于一个大官僚地主家庭，因家境衰落而饱尝人间辛酸，后以坚韧的毅力，历经多年创作出极具思想性、艺术性的伟大作品《红楼梦》。

隋唐时期的门第观念集中体现在婚姻上。唐朝律令明确禁止良贱通婚，对婚姻讲究门第观念予以法律认可与保护。在注重门当户对的婚姻上，不同社会等级的民众只能在各自所属的社会集团内部谈婚论嫁，阶级界限划分严格。

姓氏始终是代表我国传统的宗族观念的主要外在表现形式，以一种血缘文化的特殊形式记录了华夏民族的形成和发展。姓氏文化历经了四五千年，始终延续和发展着。

在特定的历史时期，姓氏又可以代表一个家族的门第高低，因此姓氏与门第有着千丝万缕的关系。为了炫耀自己的门第，很多人本能地攀附前代同姓名人作为自己的祖先，借以抬高自己的社会地位和身份。

清代学者曹雪芹在巨著《红楼梦》中，记载了贾、史、王、薛四大家族的故事。这四大家族的姓

■《红楼梦》家宴

中华姓氏图腾

氏就比大多数家族高贵，他们的门第就比别的家族特殊。在社会生活的方方面面，这四大家族都享有别的家族无法享有的特权。

这种不公平的姓氏高贵的现象，在一些朝代被法律制度规定下来。有些朝代，朝中重要的官职，几乎完全把持在几个大家族手里。

成书于宋朝初年的《百家姓》是我国流行时间最长、流传最广的一种蒙学教材。该书共收集了单姓四百零八个，复姓三十个，采用四言体例，讲究押韵，朗朗上口。

该书前四个姓氏"赵钱孙李"的排列是有讲究的。赵姓为百家姓之首，是因为当时宋朝的"国姓"为赵，理当居首。钱姓乃五代十国中吴越国王的"国姓"，后降宋，故居第二。孙姓是因当时吴越国王钱俶的正妃孙氏家族势强人众，故排第三。李姓是南唐的"国姓"，降宋较晚，故居第四。

南唐 （937—975），五代十国的十国之一，定都金陵，历时39年，有先主李昪、中主李璟和后主李煜三位帝王。南唐三世，经济发达，文化繁荣，使得江淮地区在五代乱世中"比年丰稔，兵食有余"，为我国南方的经济开发作出了重大贡献。南唐也因此成为中国历史上重要的政权之一。

中华姓氏图腾

古代社会分为"士、农、工、商"四个阶层，择偶婚配讲究"门当户对"，这种观念对后世影响颇深，反映到家谱中，产生了"娶妻不若吾家，嫁女必高吾家"的家法族规，认为这样的妻子贤淑温柔，容易驯服，而女儿嫁给门第高出自己的家族，有两方面诱因，其一可以让女儿做贤惠媳妇，其二可以攀附名门大族。

元代王实甫戏剧中张生无法与崔莺莺结为百年之好，最大的障碍就在于他是一介平民，而崔莺莺则是相门之女，门不当户不对，自然无法婚配。在张生考中状元，有了政治身份之后，崔母才欣然接受这桩既定的姻缘。

门第习俗深深影响了我国社会的历史格局，也在一定程度上反映了家族文化的历史变迁，深深地打上了家族文化的烙印。

阅读链接

历史上为了所谓的门第虚名，发生过很多有悖人伦的事件。唐太宗"玄武门之变"后，要立具有隋朝皇族血统的弟媳杨氏为皇后，说明了唐玄宗也抱着门第观念来行事的，唐代皇后二十四位，出身三品以上高官家庭的就有十七位，公主也多选名门望族的子弟作为夫婿，这是门第观念的明证。

家谱文化

　　家谱又称族谱、家乘、祖谱、宗谱等，是一种以表谱形式记载一个以血缘关系为主体的家族世系繁衍和重要人物事迹的特殊图书体裁。家谱以记载父系家族世系、人物为中心，是由记载古代帝王诸侯世系、事迹而逐渐演变来的。

　　家谱的雏形，在殷商卜辞中的世系关系中有所反映。隋唐以前，家谱的修撰已相当发达，有大量的家谱书籍问世，家谱在不同时代显现出不同的形态，发挥着不同的作用。经历千年的发展演变，已经形成一种蕴含丰富、留有时代烙印的人文载体。

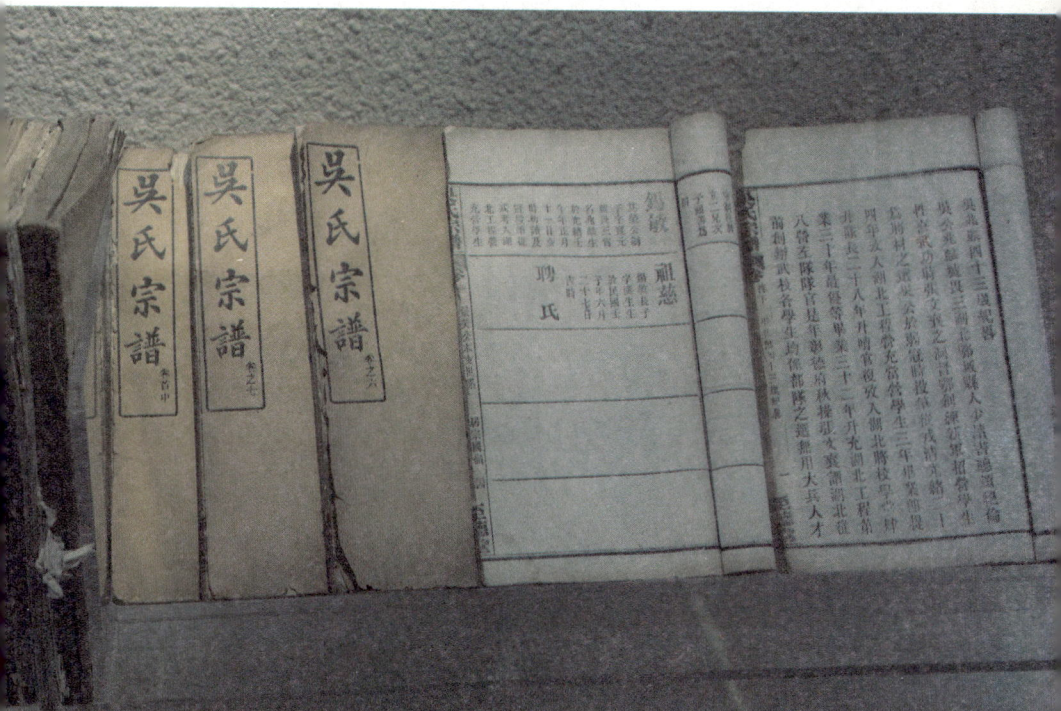

商周两代的谱牒衍变发展

　　谱，指系统编制的表册。牒，字从片，声从枼。"枼"本指记载有家世的薄木片。"片"指"竹片或木片的集合"。"片"与"枼"联合起来表示"编连在一起的短简"。后指为表所加的注释。

甲骨文卜辞

　　谱牒是用文字记载下来的，商代以前还没有较为完整的谱牒。出土的商代甲骨文中，发现了三件记录谱牒的文字，是最古老、最原始的实物谱牒。

　　关于三件甲骨文谱牒的记载，最早见于《殷契卜辞》《库、方二氏藏甲骨卜辞》以及《殷墟文字乙编》三部清代著作中。第一件、第三件文字并不多，价值相对差一些，第二件

"库"为一大片牛肩胛骨，所载文字是一极为完整的、典型的商人家族世系。

全片从右到左，共13短行，每行一句，除第一行为5字外，其余12行均为4字，行间无直线。据推断，这件甲骨片为武丁时代所刻。武丁是商代第十世二十三任国王。这件谱牒一共记录了该家族13个人名，其中父子关系的11人，兄弟关系的两人。也就是说，这件家谱共记录了这个家族十一代的世系。

■ 甲骨文卜辞

这3件实物资料上的人名，均不见于商代先公先王谱系之中。显然，它们都不属于商代王室成员。由此可知，在商代，不仅王室，就是其他一些显贵家族，也已有了本家族文字记载的谱牒了。

有不少商人占卜或祭祀列祖列宗，从而形成了祭祀谱。这些祭祀谱，原本是祭祀用的，它们有的求祷于自己的祖先，有的记载受祭各先祖的名字，有的则排列各先祖的受祭日期，从而形成了一连串的世系。

同时，这些祭祀谱上，往往还有诸如祈祷用语、祭牲数目、祭祀日期等内容，它们与专门记述家族世系的谱牒有所区别。然而，由于它们记载的均为同一家族的世系人物，并逐代排列，有条不紊，则又与家

甲骨文 又称"契文""甲骨卜辞"或"龟甲兽骨文"，主要指商朝后期王室用于占卜记事而在龟甲或兽骨上契刻的文字。殷商灭亡周朝兴起之后，甲骨文还延绵使用了一段时期。甲骨文是我国已知最早的成体系的文字形式，它上承原始刻绘符号，下启青铜铭文，是汉字发展的关键形态。现代汉字就是由甲骨文演变而来。

铭文 又称金文、钟鼎文，指古人在青铜礼器上加铸铭文以记铸该造器的缘由、所纪念或祭祀的人物等。在青铜礼器上铭文始于周朝，也兴盛于周代。后来就泛指在各类器物上特意留下的记录该器物制作的时间、地点、工匠姓名、作坊名称等的文字。

■《周礼》古籍

族谱牒有些相同。

这些祭祀谱就是谱牒的初级形式，上面所记载的家族世系资料，为后世家谱的撰修提供了可靠的资料保证。

进入周代，铸记家族世系于鼎彝之风盛行。由于各种器物铸造时代的先后和家族地位的高下不同，其铭文中所记载的家族世系代数和功勋、庆赏事迹等内容的详略程度也不一样。这也算是一种另类的谱牒。

有两件记载周初显贵微氏家族事迹与世系的宗庙祭器。这两件彝器共300多字的铭文，记载了自周文王至周穆王100多年内，微氏家族连续七代的世系。

战国以后成书的《周礼》《礼记》对周代谱牒有片断的论述：关于谱牒的内容，要记录族众的忌、讳。忌是去世的时间，讳是名字。族人生子，要记某年、某月、某日生，自然还要记是某某之子。族人有谥者要记其谥。有谥的族众，当然只能是诸侯、卿大夫了。

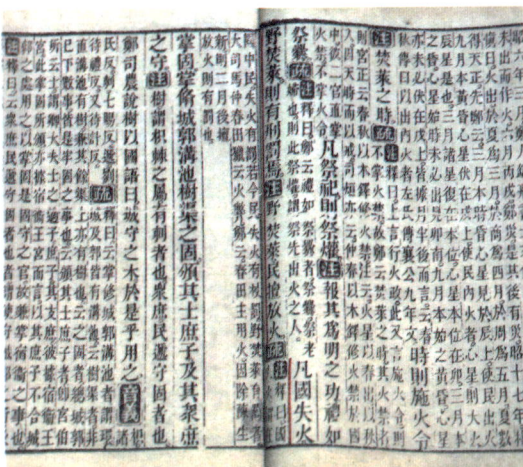

这个时期的谱牒形式，从东汉经学家桓谭说的"旁行邪上"一句话来推测，应是一种表格，父辈名讳居一格，子辈名讳居一格，子子孙孙按辈分各居一格，叫作"旁行"。父统诸子，子系于父，谁是谁

之子，谁是谁之父，一目了然，叫作"邪上"。

另外，在各人的名讳下注明生卒年月日及配偶、谥号等。这样，就把一个家族从始祖到现在的所有血缘关系都记载得清清楚楚了。

商朝甲骨文和周朝铭文中有关世系的记载，仅

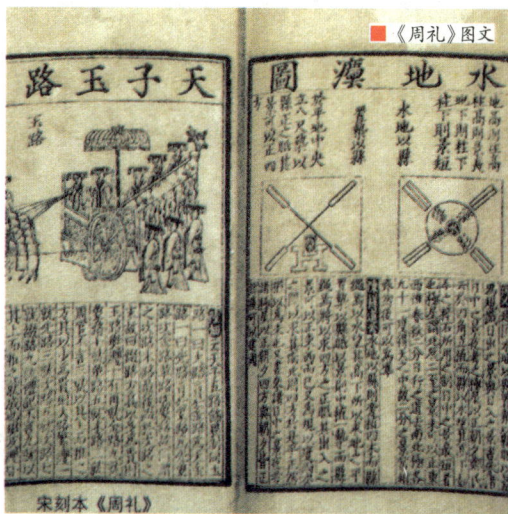

宋刻本《周礼》

仅是我国最早的使用文字记载的谱牒，是后来家谱的雏形，但就是这种初级的家族世系表奠定了后世蓬勃发展的家族谱学基础，是强韧之发端，意义和作用不可不谓之大。

实际上，在人类社会发展史上，文字并不是最早和唯一用于记事的方式。在文字没有产生之前，人类的祖先就普遍采用结绳和口述的形式来记述各种大事，其中就包括了家族世系，由此形成了更为古老、更为原始的家族谱学形态。

阅读链接

《史记·夏本纪》中详细记录了夏朝自禹至桀十四代世系十七位帝王事迹，似乎可以证明在奴隶社会的夏朝，就有了记载奴隶主贵族世系的谱牒。

《夏本纪》中的世系，是商周以后人们根据传说追记的，而不是当时的实录。《史记·殷本纪》所记汤建国前的先公世系和盘庚迁殷前的先王世系，也有着类似的情形。

谱牒形式和功能的嬗变

  周代的宗法分封制度，经过春秋战国战火的洗礼，渐渐趋于瓦解。特别是秦始皇统一中国，旧的贵族失其本系。到了汉高祖刘邦得到天下，宗族组织由兴到衰，由破坏到重建，得到了恢复和发展。

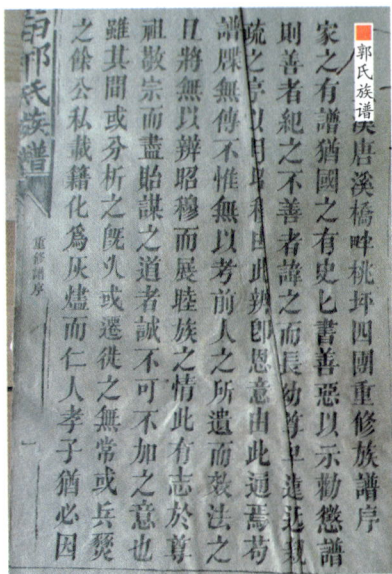

郭氏族谱

  东汉末年到魏晋之际，世家大族和宗族逐渐强盛起来，世家大族式家族制度也随之形成，此后，谱牒盛行起来，不过这个时候的谱牒从内容到形式都与西周春秋时的谱牒不同了。这时候的谱牒主要有3种形式。这三种形式也是后世谱牒的主要形式。

  第一类形式是"家传"，这是最初级的形式。一个家族之所以在一个地方兴旺发达起来，其中必有一些人对家族的发展作出过杰出的贡献，或者做过朝廷要员，或者做过封疆大吏，他们的子孙就为他们立传，表彰他们的功绩，显示自己家族的身份，这类的谱牒，如《荀氏家传》《袁氏家传》《裴氏家传》《褚氏家传》《谢车骑家传》等。

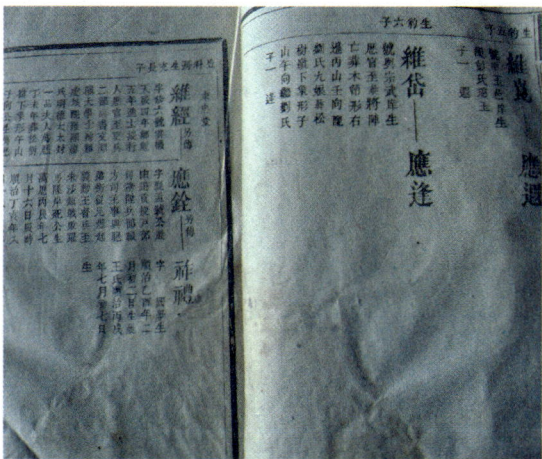
■ 郭氏族谱

第二类谱牒形式是族谱，每姓每族一本。家传是传而不是谱，只能记载家族名人事迹，不能把所有族人都记上去，光有家传还是无法搞清家族所有人的血缘关系的，于是有人以家传为基础，以家族的世系为脉络，把包括名人和所有族人贯串起来，注明他们之间的血缘关系，这就是家谱了。

南朝宋裴松之在《三国志》注中曾引到了《崔氏谱》《郭氏谱》《陈氏谱》《嵇氏谱》《阮氏谱》《王氏谱》；南朝刘宋宗室临川王刘义庆组织编写的《世说新语》注中引到的有《王氏世家》《袁氏世纪》《王氏家谱》《荀氏谱》《谢氏谱》《羊氏谱》《顾氏谱》《陆氏谱》等，都是这样的家谱。

谱牒的第三种形式，也是最典型的形式，就是"簿状谱牒"，后来又称作《百家谱》《东南谱》《十八州谱》《天下望族谱》等。

家传、家谱都是私家撰述，不具有法律效力，必

分封制 也称分封制度或封建制，是中央王朝给王室成员、贵族和功臣分封领地的制度。分封制到周朝时已经非常完善，并且达到了顶峰。古代宗法制是分封制的基础，在家庭范围是为宗法制，在国家范围是为分封制。秦始皇统一中国后，废除分封制，实行郡县制。

须有一种得到朝廷认可的官撰的谱牒，才能据以确定谁是士族，谁是庶族，才能据以选官、论人和通婚。

官修的谱牒不是某一姓的家谱，而是全国或某一郡所有士族家谱的汇编或选编，所以称作"百家谱"。在这种官撰的谱牒中，把天下所有士族的姓氏、郡望都列进去，每姓士族又都详细列其成员的名字、官位及血缘关系，这就是簿状谱牒。

宋代类书《太平御览》卷二一四引《晋阳秋》载"考之簿世然后授任"；《通志》载"有司选举必稽谱籍"，都是指这种官修的谱牒。

官修谱牒不仅同士族的仕途性命攸关，而且是一项十分繁杂的工作，要对所有自认为是士族，并将其家谱上之于官的家族进行甄别、认定，还要根据情况的变化不断修订与重撰，所以朝廷设立专门的常设机构图谱局主持撰修工作，置郎和令史等官来执掌，并吸收对谱牒有研究的学者参与其事。

谱牒功能是随着时代的变迁而不断嬗变的，周代实行的是宗法封建制度。《礼记·大传》说，"族"本来只是有血缘关系的群体，并无尊卑主从之别。而

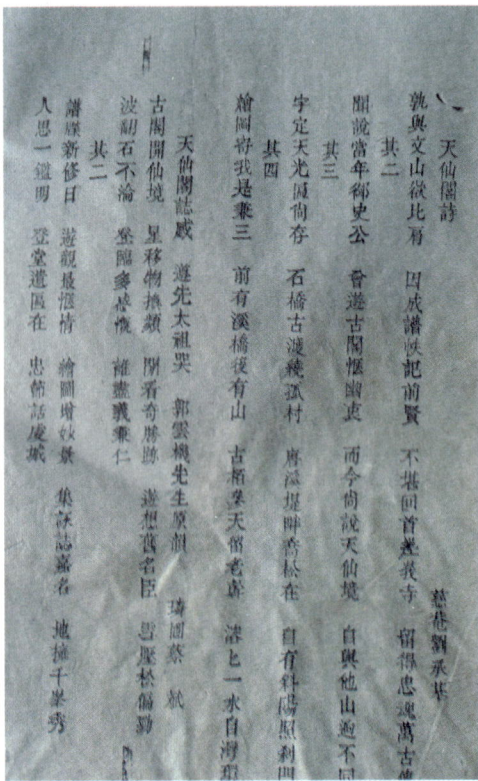

■ 古老的族谱

《礼记》我国古代一部重要的典章制度书籍，是我国古代社会情况、典章制度和儒家思想的重要著作。《礼记》的内容主要是记载和论述先秦的礼制、礼仪，记录孔子和弟子等的问答，记述修身做人的准则，涉及社会、政治、伦理、哲学、宗教等各方面。

进入阶级社会后，便有了"宗"，也就是在亲族之中奉一人以为主，主者为尊并且有特权，他死了则由宗子继承。

这样，家谱别亲疏、明统系的功能，渗进了主从尊卑的等级特权，成为宗法封建政治服务的内容。

周代的谱牒《世本》之类，是属于以周天子为首的周室宗族的典籍。所以，周代的家谱是为推行宗法分封，巩固周王朝统治服务的。

两汉时期的政治，基本上是世族地主占统治地位，君统与宗统开始分离。所以，两汉的家谱功能是为恢复、复建宗族和形成、巩固世族的统治服务。

魏晋南北朝以及隋唐时期，是士族政治时期，选官品人，婚姻嫁娶，士庶分明，尊卑严格，因而这个时候，维系门阀制度的家谱特别兴盛。此时的家谱，成了政府选举、士族出仕、门第婚姻的根据，同时也成了为士族政治服务的工具。

五代时期，由于北方战乱频繁，大量的中原人口南迁，经济中心南移。五代以后，江南庶族地主的势力抬头。特别是商品货币经济的发展，城镇商业繁荣和商帮的出现，推动着世俗权力的式微，士族宗族也向平民宗族发展。

五代以后，取仕不问家世，庶族知识分子可以通过科举出仕；婚姻不

太平御览 宋代类书，为北宋李昉、徐铉等学者奉敕编纂，编纂于977年3月，成书于983年10月。《太平御览》初名为《太平总类》。书成之后，宋太宗阅读后，又更名为《太平御览》。全书以天、地、人、事、物为序，分成五十五部，可谓包罗古今万象。

069

世系记载

家谱文化

■ 古籍《家谱》

宗法 是指调整家族关系的制度，它源于氏族社会末期的家长制，依血缘关系分大宗和小宗，强调前者对后者的支配以及后者对前者的服从。我国君主制国家产生之后，宗法制与君主制、官僚制相结合，成为古代我国的基本体制和法律维护的主体。

■ 金漆木雕龙纹家谱

问门阀，新兴的地主、商人在社会上获得了应有的地位。

家谱由于失去了传统的政治功能，也由官修变为私修，内容也就更加广泛和丰富，它的功能也由政治功能向发挥社会功能的方向发展。

这个时候，私修家谱通过姓氏原始、迁徙本末、世系渊源的展现，起着追溯宗、联宗收族，维系和强化作为社会群体的宗族和家庭的作用。

到了宋代，官方修谱的传统禁例被打破，民间编撰家谱的风气更加兴盛。这时的家谱，在政治生活中基本上不再发挥作用，其作用转移到尊祖、敬宗、睦族上。家谱经常被反复修撰，每次修谱，也就成了同姓同族人之间的大事。这个时期家谱可以说是维系家族血缘关系的主要纽带。

到了明清两代，家谱修撰的结构基本上定型了，其家谱修撰更加广泛，即使在农村中，可以说既没有无谱之族，也没有无谱之人。

对大多数家族来说，家谱是确认族众的血缘关系亲疏、防止血缘关系混乱的依据。有了记载翔实的家谱，就可以据此确定族众的地位，解决世系纠纷，防止血缘关系的混乱等等。

还有，家谱也是向族人宣传

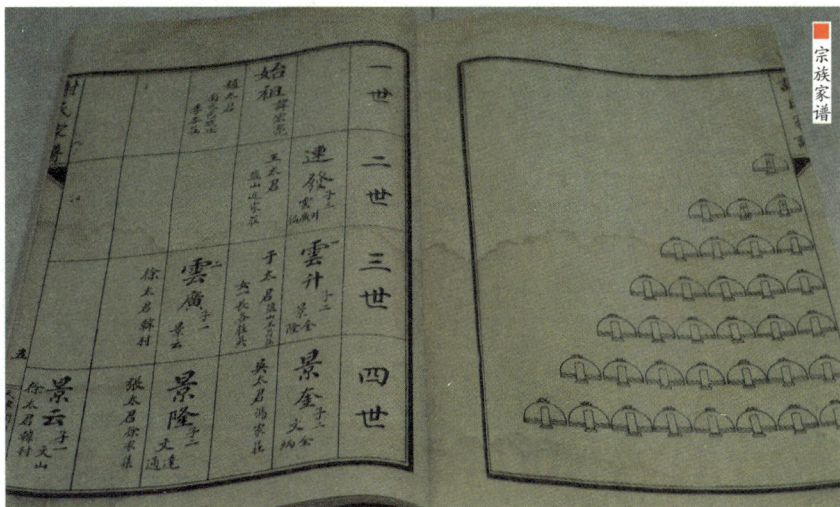

宗法思想的工具或课本。宣传的方法主要是祠堂读谱。通过祠堂读谱这种家族的重大活动和盛大典礼，使宗法思想和家族观念在族众的思想上扎下根来，达到团聚族人的目的。

　　家谱的功能是多方面的，它是特有的文化，随着社会历史的不断发展，家谱在内容、形式以及功能等方面都发生了改变，这为家谱文化注入了生机与活力。

阅读链接

　　人们的出身门第不同，政治权利和社会地位就是一个天上一个地下，而门第又主要是根据谱牒来辨认的，所以有些庶族出身的官僚、富户，就企图通过权势和金钱，胁迫或买通士族中的某些人，与士族合为一族，将自己的家族上到士族的谱牒中去。

　　如宋时刘延孙为彭城大士族，而宋皇帝刘氏虽说出身自彭城，但实系庶族，与延孙本不同宗。宋文帝为了攀上士族，与延孙合族，并使诸子同延孙序亲。对于皇帝来与自己合族，延孙也只好接受。

家谱的名称内容及保存

家谱属于一种簿籍性质的东西，其基本内容通常由以下几个部分组成。

一是全族的世系和血缘关系图表，这是家谱的主要内容。世系图表中详细记载着全族男子的名讳、字号、生卒年月、葬地、配偶姓氏及生卒年月等，以及生几子几女、子何名等，如果族中有做官者，还

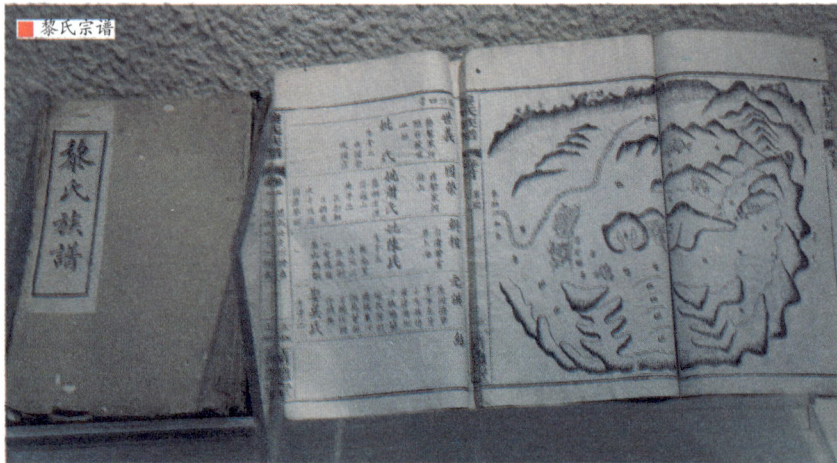

黎氏宗谱

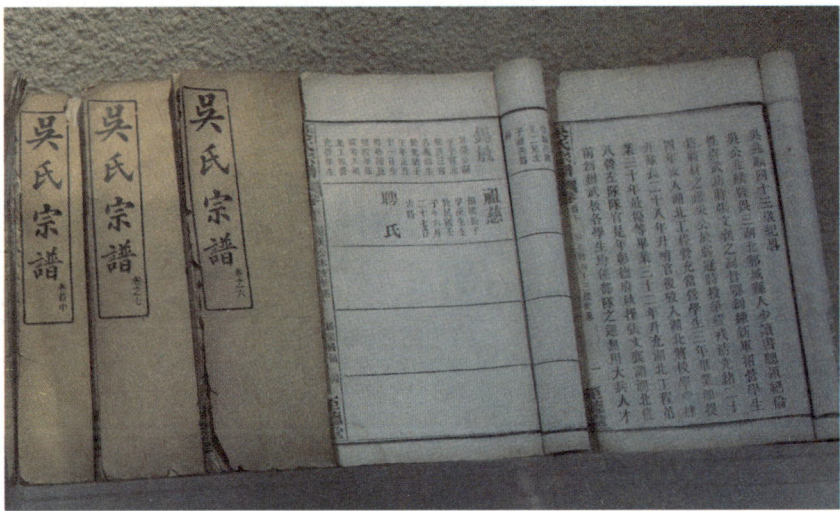

■ 吴氏宗谱

要记其简历。每一代每一人都详细记录，做到不遗不漏。因为只有这样才能保证家族血缘关系的清楚。

世系图表的基本形式有图式和表式两种。图式是把全家族的世系绘成简图。把主要内容注于图中，使人一目了然。表式是将家族世系排列成表格，将世系的内容用小字注于格内，也可收到一目了然的效果。

从记述格式来分，世系表大体又可分为四种格式，即欧式、苏式、宝塔式和牒记式。

欧式，又称横行体，是北宋文学家欧阳修创立的。欧式的特点是世代分格，由右向左横行，五世一表，用起来很方便。在欧式中，每个世代人名左侧都有一段生平记述，介绍该人的字、号、功名、官爵、生辰年月日、配偶、藏地、功绩等。

苏式，又称垂珠体，是北宋文学家苏洵创立的。苏式世系表的特点是世代直行下垂，世代间无横线连接，全部用竖线连接，图表格式也是由右向左排列

名讳　旧指尊长或所尊敬之人的名字。生前曰名，死后曰讳，"名""讳"分用义异；合用义同名字，但含有敬意。古代，遇到君主或尊长者时，不但不能直呼其名，而且在书写的时候也不能使用这些字，于是只能用改字、改音或减少字的笔画等方法予以回避，称避名讳。

墓志铭 一种悼念性文体，一般由志和铭两部分组成。志多用散文撰写，叙述逝者的姓名、籍贯、生平事略；铭则用韵文概括全篇，主要是对逝者一生的评价。但也有只有志或只有铭的。墓志铭可以是自己生前写的，也可以是别人写的。

的，主要是强调宗法关系。

宝塔式，就是将世代人名像宝塔一样，由上向下排列。宝塔式采用横竖线连接法，竖线处在横线的中间，这对人多的大家族来说，因人名不可能排在同一页纸上，兄弟之间长幼关系不清，会为写谱、看谱带来很多不便。

牒记式，不用横竖线连接世代人名间的关系，而是纯用文字来表述这种关系。每个人名下都有一个相关的简介，如字、号、功名、官爵、生辰年月日、藏地、功绩等。牒记式的世系形式固定，次序分明。

二是全文刊载本族有史以来制定的各种家法族规、家训家范、祖宗训诫子孙的言论等。如果一个家族有几百年的历史，历代制定的家法族规就很多。

将各种家法族规、家训家范、祖宗训诫子孙的言论等载入家谱的用意是便于平时向子孙宣讲，要求族

■ 张氏宗谱

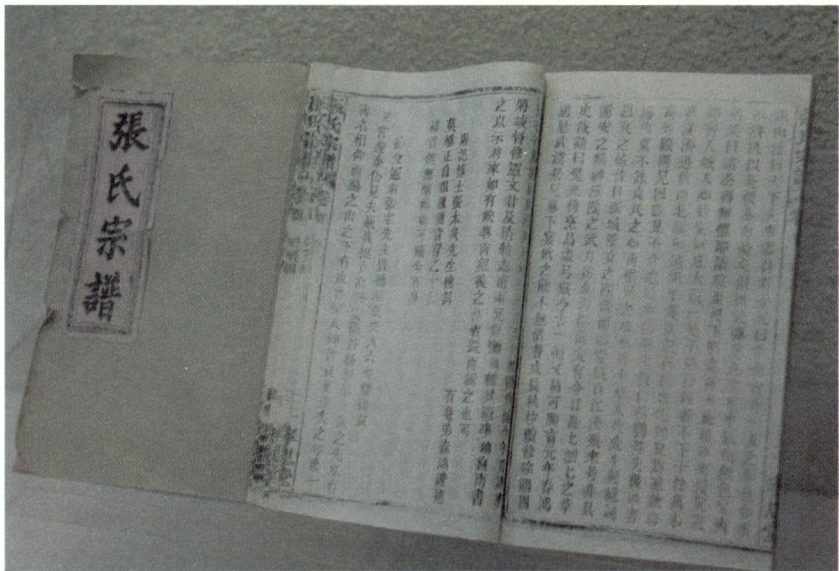

人恪守，并使族长能依据此类家法来惩罚不服族规的族人。

三是祠堂、祖茔、族产公田的坐落方位、形胜地图，以及义田记、墓志铭、买地契等。有的家谱还将本族的祠堂的基本轮廓，几进几重、门户窗棂、围墙设施都绘制清楚，刻入家谱。

祠堂如果是建在新近购置的异姓土地上，还要在家谱中记载购置过程，并附刻地契，以防一旦发生产权纠纷时有案可查。

一个家族的祖茔即墓地往往有多处，大多错杂在异姓田地之间，抛弃在远郊乡野之外，且无专人经管，经过日晒雨淋风蚀，历年久远，就会树折碑残，失去标记。所以必须在家谱上详细记载每一墓地的方位、坐落和四至，并刻上略图。

四是家族的历史。每个家族的家谱在谱首都必有一篇叫作"宗族源流"或"族姓渊源"的小序，叙述本族姓氏的由来，始祖的渊源，迁徙的经过，兴盛的始末，祖宗的事迹，等等。

家族历史既是家族向族众进行宗法思想灌输的工具，又是核查家族系统源流的依据。一般说来，一个家族的来历清楚，迁徙分析脉络分明，血缘关系也必然清楚。

另外，有的家族的家谱中附录了大量的家族文献，如家族成员创作的著作、文章、图画、书法等，还有，家族成员获得的旨意、封赠、官诰等，这些家族文献具有极大的历史价值，十分珍贵。

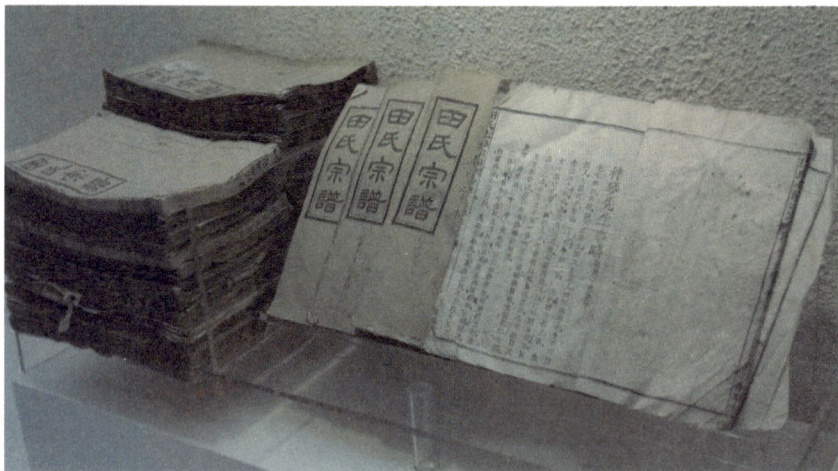

■ 田氏宗谱

杜甫（712—770年），字子美，汉族，唐朝河南巩县人，自号少陵野老。唐代伟大的现实主义诗人，与李白合称"李杜"。杜甫在古典诗歌中的影响非常深远，被后人称为"诗圣"，他的诗被称为"诗史"。后世称其为杜拾遗、杜工部，也称他杜少陵、杜草堂。

在家族的世系和血缘关系中，家谱的"行辈字派"是其重要组成部分。行辈字派又叫祧字，是必须入名并区分辈分、排行的一些字。

行辈字派在进入家谱以前就发展了很长一段时间。最后，起到了巩固宗族作用的姓名范畴内的东西是姓。姓是部落的名称，每个人都用同一个姓，表示每个人都是这家族里的人。

后来种族繁衍，人口扩大，家族越分越多，于是出现了氏，氏是姓下面的一个分支。秦汉以后，姓、氏合一，同时门阀制度又兴起，社会中很讲门第观念和家族出身，这个时候，人们就考虑用名字来表示行辈了。

首先人们是用字来表示行辈的，尤其是表示排行。常用表示排行的字有：长、次、幼、少、元等等。长、元都表示排行第一。次，是次子的意思，排行第二。幼和稚都是小儿子的意思，排行最末。少，是弟弟的意思。此外也有用某一个不是表示排行的字来给家里的兄弟命字的。普通人以数字为名来表示排行。

魏晋以后，人们逐渐又把表示行辈的字从字转向名，这就是后来大多数家谱中一般的行辈字派了，如唐朝诗人杜甫有两个儿子分别叫宗文、宗武，宋朝文学家"三苏"中苏轼与苏辙是兄弟。

一种行辈字派是对各辈人名中的用字的限定，比如某一辈人的名中都用"明"字，另一辈都用"德"字，等等。

行辈字派一般都是由家族中的某一位名人制定的，很多都编成几句吉祥话，有的文人甚至可以写成诗，比如浙江《唐氏宗谱》的行辈字派为"福禄永昌隆，和良端世美，才智瑞宁聪"。湖北《汪氏宗谱》的行辈字派为："正大光明，成先于后，世泽延长，齐家有猷。"

行辈字派有的用在名字的头一个字，有的用在后

■ 唐氏宗谱家谱

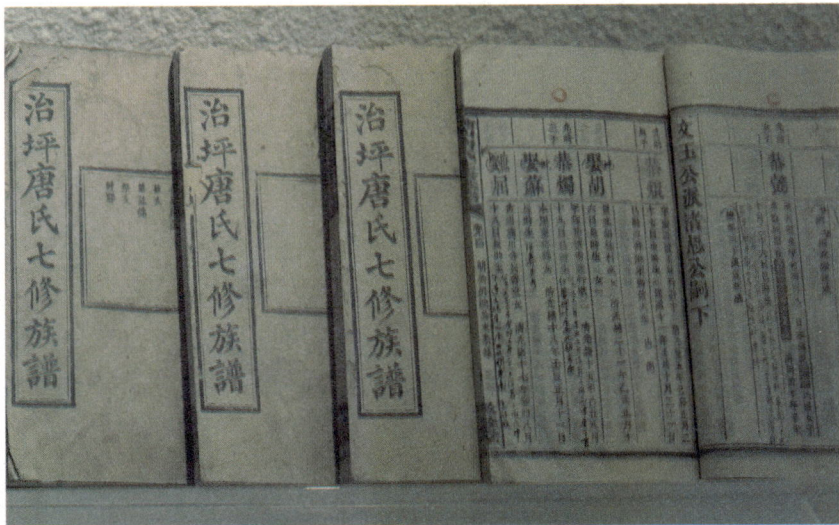

一个字，以前一种居多。考虑行辈字派，既要考虑其意义，又要照顾读音，字形适宜人名，而且还可以与大量的字组合成名，不致因人多而重名。行辈字派快要用完的时候，就由家族中德高望重的族长再次将其延长。

这种行辈字派对人名的影响是多方面的。它使双字名增多，因为这种行辈字派只能起双字名。但是由于其中一个字属于行辈字派，家族内的同辈人都用这个字，而且社会上可入行辈字派的字并不很多，所以这不是真正意义上的双字名，只是带上了家族标志的单字名。

行辈字派还限制了名字的另一个字的使用，这一方面是由于字派的字不多，可与之组合的也不多，另一方面是由于很多人喜欢让另一个字也互有联系。

行辈字派往往会造成文意不通的名字和冷字僻名，这是由于宗谱既强调行辈关系，又十分重视名讳，不允许出现重名。

宗谱的行辈字派由于是加强宗法制度的工具，所以其用字也充分反映了这一目的，主要有三类。第一类是美德或吉祥的字，如德、仁、明、亮、全、有、忠、诚、孝、礼、福、禄、吉、祥、贤、良等。第二类是希望宗族延续和昌盛的，如永、传、昌、盛、兴、延、继、承、世、多等。第三类是怀念先祖和歌颂皇天恩德的，如泽、祖、显、荣、恩、锡、启、先等。这也限制了行辈字派的用字。

家谱，历史上曾有多种名称，家谱仅是其中使用最多、最有代表性的一种。从古至今，家谱类文献的名称，大致还有这些：谱、谱牒、族

《族谱》古籍

谱、族系录、族志、宗谱、宗簿、宗系谱、家乘、家牒、家史、家志、家记、百家系谱、图谱、新谱、星源集庆、列姓谱牒、血脉谱、源派谱、系叶谱、述系谱、大同谱、大成谱、氏族要状、中表簿、房从谱、维城录、家世渊源录、世典、世牒、

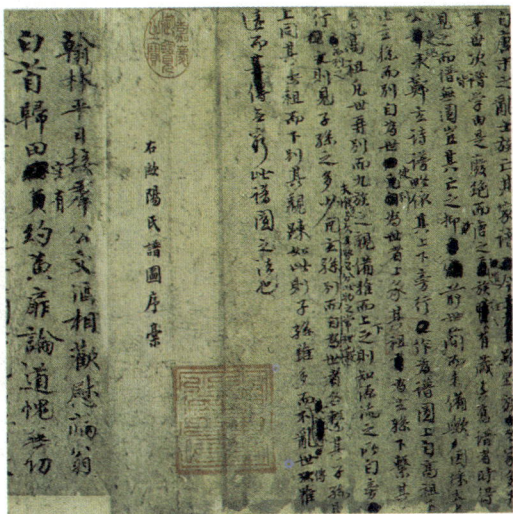

■ 古人家谱手抄本

世思录、家模汇编、乡贤录、系谱、清芬志、家传簿、先德传、续香集、房谱、祠谱、坟谱、近谱、会谱、全谱、合谱、统谱、通谱、统宗谱、宗世谱、总谱等。

　　家谱刻印出来，要分发给族人保存，以备必要时查询，发挥它的作用。家谱一般一房一部，不得多印，掌谱人由房长充任，也有的家族规定推本房的贤能者为掌谱人。

　　掌谱人领取、保管家谱时，要在族长处登记造册，注明所领家谱字号，这样便于检查家谱保存好坏，有无破损、失落现象，而且可以分清责任。

　　一个家族，往往在家法族规中对家谱的收藏、保管提出严格的要求，如必须将家谱装进特制版木匣，供于祖龛之上，或藏于书室之中，不得随意乱放，以致亵渎家谱。木匣不准移作他用，家谱防止鼠蚀虫蛀、污损油浸、腐败霉烂、遗失散落、私自誊录或借

龛　供奉佛像、神位或祖先灵位等的小阁子，如佛龛、神龛、祖龛等，一般为木制。我国古代的石窟雕刻一般是神龛式，小龛又称椟。大龛一般放在宗祠中，而居室内常放在书室内。龛表面常有精美的浮雕、通雕和半圆雕等纹饰，具有古典美感。

华夏姓氏图腾

给外姓人观看，违者依家法处罚。

如果领谱人敢于瞒众觅利、鬻谱卖宗、出卖家谱者，则视为不孝，从重惩治。为掌握家谱的收藏、保管情况，家族每年要检查一次或数次，检查时，由领谱人携带原发字号的家谱，到祠堂集中，先由各领谱人相互检查，后由族长评判，保管好者表扬奖励，保管不善者批评处罚。

在传统典籍中，家谱以其丰富、庞大的纪事内容而与正史、方志共同成为中国史志的三大支柱。家谱以其独特而神奇的魅力，其作用和意义正日益凸显。

阅读链接

家谱之所以必须珍藏秘不示人，真正原因在于其私密性，担心外传后会为冒认宗亲者提供可乘之机。对遗失家谱、私抄家谱甚至盗卖家谱的行为，各家族都制定了严厉的惩罚措施。为了避免家谱的外传，许多家族在颁发新谱时都规定要将老谱交回，并当场烧毁，以防他人盗谱。

家训家传与艺文图像内涵

　　家训是家谱中的重要组成部分，对个人的修身、齐家发挥着重要的作用。在远古时代，人类社会经历了氏族、家族、家庭的变迁，然而这些都是形成一个国家的基石。在国家不安定和国法不明确之际，家训即可发挥稳定社会秩序的力量。因为，家族为了维持必要的法制制度，就拟定一定的行为规范来约束家族中人，这便是家法家训的最早起源。

　　自汉初起，家训随着朝代演变，渐趋丰富多彩。家训中记录了许多治家教子警句，成为人们倾心企慕的治家良策，成为"修身""齐家"典范，如清代《曾国藩家训》中有修身十二款：

曾国藩画像

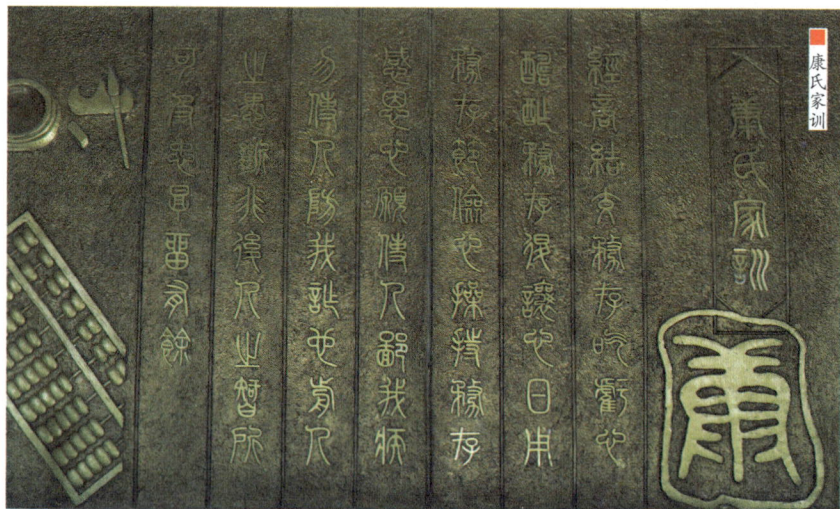

康氏家训

第一，主敬：整齐严肃，无时不慎。无事时心在腔子里；应事时，专一不杂，如日之升。

第二，静坐：每日不拘何时，静坐半时，体验静极生阳来复之仁心，正位凝命，如鼎之镇。

第三，早起：黎时即起，醒后不沾恋；读书不二。

第四，一书未点完，断不看他书，东翻西阅，徒循外为人，每日以十叶为率。

第五，读史：丙申购二十三史，每日读十页，虽有事不间断。

第六，谨言：刻刻留心，是工夫第一。

第七，养气：气藏丹田，无不可对人言之事。

第八，保身：节劳节欲节饮食，时时当作养病。

第九，日知其所亡：每日记茶余偶谈一则。分德行门、学问门、经济门、艺术门。

第十，月无忘所能：每月作诗文数首，以验积理之多寡，养气之盛否，不可一味眈着,最容易溺心丧志。

十一，作字：早饭后作字半小时，凡笔墨应酬，当作自己功课，不留待明日，愈积愈难清。

十二，夜不出门：旷功疲神，切戒切戒。

家训之所以为世人所重，因其主旨推崇忠孝节义、教导礼义。此外，提倡什么和禁止什么，也是家训中的重要内容，如"节俭当崇""邪巫当禁"等。

家训大致包括了以下内容：一是注重家法、国法，二是和睦宗族、乡里，三是孝顺父母、敬长辈，四是合乎礼教、正名分，五是祖宗祭祀、墓祭程序。

家传是用来记述家族中有名望、有功绩人的事迹的文体，是一种正式的传记。在明朝之前，传与谱是分开来记的。

"传记"记述了一个人一生的功绩品德，从对国家、民族、社会的贡献，到对地方、家族做的每一件业绩，如出资修建词堂、祖墓等，全部记述在内，以作为后人学习之榜样，并荣耀家族。

家传一般分为列传、内传和外传等。列传是记录家族中有功绩男子的传记；内传是记录家族中有品行女子的传记；外传是记录家族中已出嫁有品行女子的传记。在传记中，多配有该人的画像或关于该人的故事图画，让后代读起来倍感生动形象。

家谱中的艺文，在体例上一般称作艺文志、辞源集、文征集等。自六朝起，就有将家族中名人的著作，录

083

世系记载

家谱文化

■ 包拯家训碑

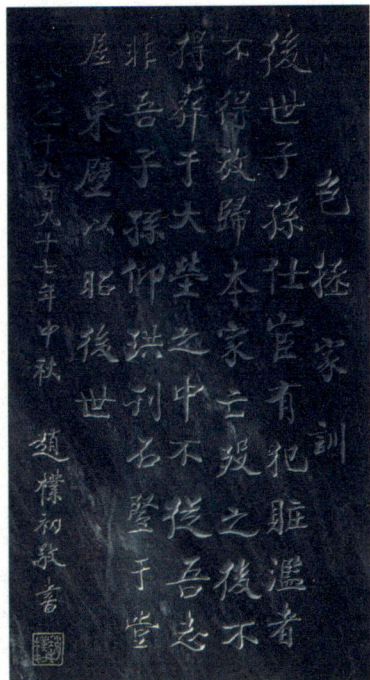

传 是一种文体格式，属于古籍注释体例之一，其他的还有注、笺、正义、诠、义疏、义训。亦有自述生平者，称为"自传"。传记大体分为两大类：一类是以记述期实的史传或一般纪传文字；另一类属文学范围，以史实为根据，但不排斥某些想象性的描述。

■ 年画族谱

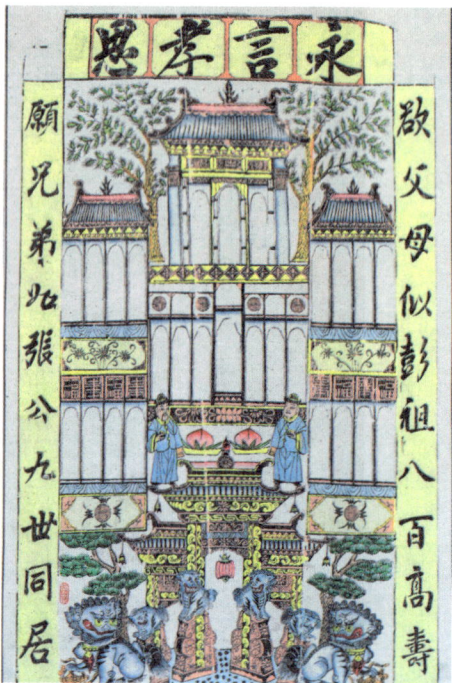

入家谱的惯例。尤其是到了明朝，此风更加盛行，这部分的内容更加丰富了，涉及史学、文化、经济、宗教等许多领域，在形式上，甚至堪与经典史料相媲美。

艺文著述主要以家族中名人所写的诗文著作为主要内容，也收集本族人与外人的书信来函，以及经籍、表策、碑文、书札等。有的还有版画、肖像画、版本作品、名家书法、歌曲等，从形式到内容都十分的丰富。

艺文著述是家族先人的心血结晶，其中的大量珍贵史料文献，有着非常宝贵的参考和欣赏价值。

一个完整家谱的体现，能将书、图、史、志合为一体。家谱主要以文字内容为主，图片资料为辅。当然，一张好的图片也能将时代的精神面貌和特质传达出来。

将图片纳入家谱的意义在于，为家族传承提高了一个最直接的环境背景，使家谱不再局限于单一的文字记录，整体概念也变得鲜明而生动。

祖先图片，包括遗像、人物画、肖像画等。古代，多有大量的人物画及肖像画，其中有大部分是为了纪念先人，或表达对圣贤亲人的追慕。也有些家谱将家族先人中的显达之

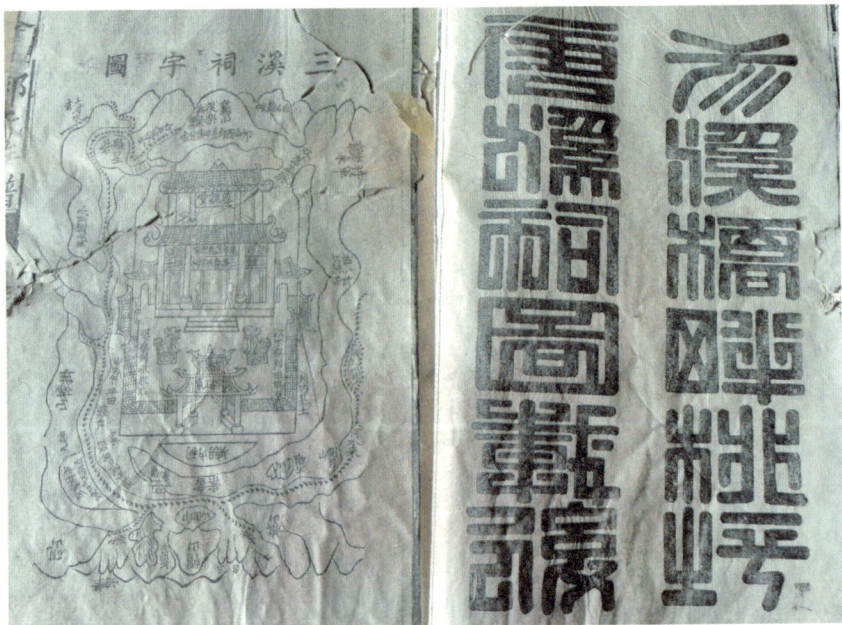

人，画出其仪容，置于卷首，以求达到光大族望，启迪后人的目的。有些也刊载一些先人的手泽遗墨。

　　人们相信一个家族的兴衰，与祖辈所居住、埋葬的地点有很大的关系，因此，多数家谱中会详细画出祖辈居住、埋葬地点，这些蕴含丰富风水内容的画像被称为风水图。

　　家谱中的风水图，包括祠堂图、墓图等。祠堂是供奉先人的地方，在古代更是家族聚会之所。所以，一般的家谱均有记载和刊载建物版图、描绘实状，有些更是附刊墓图，有些甚至详记地理方位。

　　故居、村庄图也是家谱中常见的。明清族谱中，不但记述居址迁徙，很多富家所修的谱书中，还以精美的版图，印制出他们家族的庭院、楼阁、房舍等。

　　另外，家谱的体例也是有讲究的，家谱的基本体

■ 古代家谱中的三溪祠宇图

碑文 是指刻在竖石上的文字。这种文字是专为刻碑而作。碑文通常有文，有铭，又有序。立题时，看包括哪些形式而定，或直题为某某碑，或题为某某碑铭，或题为碑并序、铭并序之类，没有固定的格式，有的就不题碑铭等字，直书文章题目了。有些文章虽刻在碑上，但不是为立碑而作的，不能称为碑文。

例构成大致是：谱名、谱序、凡例、遗像、恩荣录、姓氏源流等。

在定谱名时，为了防止混淆，常把地名加在谱名前，如《合肥李氏宗谱》《韶山毛氏宗谱》《濡须万氏宗谱》。谱序是概括本族来历、姓氏源流、人口迁徙、修谱经过、修谱理论宗旨等的文字。谱序既有修谱者自序，也有请名人作序、作赞的，历次修谱的序言、赞语均收录其中。

凡例是规定修谱的原则和体例，如明清时期女儿不能入谱，媳妇可以入谱。

遗像是收入老祖宗和重要祖宗的遗像，旁边配有文字赞语。恩荣录是记录本家族受到朝廷和皇帝的赐匾、赐字、封号等。

姓氏源流是标明姓氏来源、迁徙路线、分支情况等。古人姓氏渊源很古老，假若没有古书或旧谱的记载，后人很难考究清楚。

每部家谱都详细介绍了自己姓氏的源流，这样才能世世代代承继，也能将族系根源流传下去。家谱中有"叙本系、述始封"的传统，它的目的也在于"明世次、别亲疏"以及考订姓氏源流。

阅读链接

明代宗谱体例主要有三种形式：一是纲目体，以纲统目；二是条目体，一事一目，互助统辖；三是纲目与条目的混合体。而且愈往后，这种混合体的方法，在宗谱编纂中愈益得到广泛的运用。明正德元年所纂的《余氏会通谱》，内容包括新旧序、跋、辨、图、外传、外纪图、世系图、茔域图、卷末跋、后序。《休宁文昌金氏世谱》内容已较全面，包括序、凡例、列士、金氏本国、世系、事略、行实、行状、墓志铭、杂著、记、诗、赞、规约。

家谱纂修的内容和要求

　　家谱是一个家族、宗族全面、详细的记录，堪称家族、宗族史或家族、宗族百科全书，同时家谱又起着敦宗睦族、凝聚血亲的功能和作用，因此，家谱纂修可以说是我国古代家族中的一件大事，历代都重视家谱的编修。

　　在唐代以前，家谱的政治作用比较明显，选官、婚姻、人际交往都离不开它。为了保证家谱的权威性，家谱往往由朝廷来主持纂修，然后由朝廷设置专门的机构"谱局"保存，以备必要时查验。

　　唐代官修的家谱多是合谱、群谱，以姓氏谱、氏族志的形式出现，将所有姓氏分出等级，依次记录世系。由于需要记载的氏族大多，导致记录的内容较为简略，一般以世系为主。

古人宗谱

义门陈氏宗谱

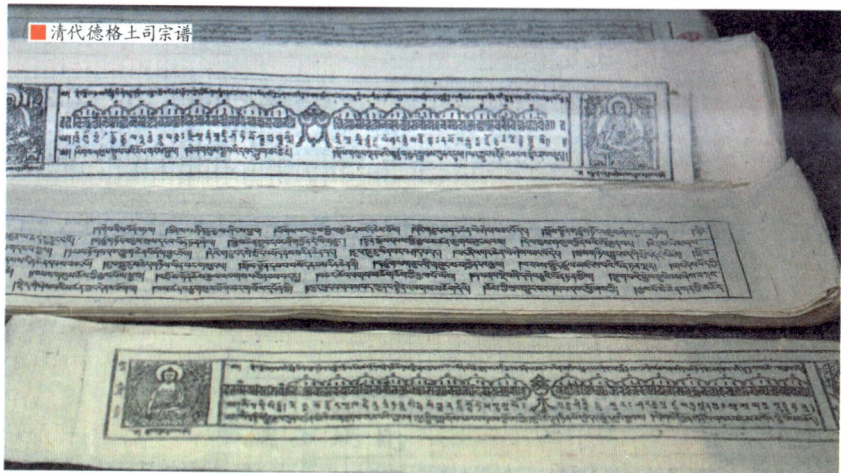
■ 清代德格土司宗谱

宋代以后，家谱的政治作用削弱，但记录家族历史，纯洁家族血统，团结约束家族成员，教育家族后人，以及提高本家族在社会生活中的声望、地位的作用增强。除了皇帝的家谱玉牒为朝廷所修、收藏之外，宋代以后的家谱均由私人修撰，朝廷不再干预，也不负责收藏保管。

宋以后的家谱仅记载本家族的历史和现状，因而就有余力来丰富家谱的内容，家谱的构成也由此日渐复杂。

宋代以后的家谱，根据记述范围不一样，可分为仅记载一个大家族支派房系世系的支谱、房谱，记载一个大家族世系的宗谱、世谱，以及将分散于各地的同族各支派统编于一谱，或多个虽不是同一家族，却因是同一姓氏而联合修谱的家族所修的大成谱、宗世谱、总谱。另外，也有一些记载两个同姓但不同宗的家族的合谱现象。

其中，专门记录皇帝世系的称帝系、玉牒，记载诸侯家世的称世本，记录普通家族的称家谱或宗谱、族谱。

在清代，满族人家谱尚具有一些政治作用，旗人袭爵、做官都需要出示得到官方承认的家谱作为证明。与唐代不同的是，旗人的家谱是由家族自己纂修，自行保存，需要时只要送交官府查验就行了。

明清时代，虽然篡修家谱属于私人之事，但由于家族是社会统治的基础，家族稳定，社会也就容易安定。因此，当时的朝廷对于建家庙、修家谱之类为加强家族团结的事情大都采取支持与鼓励的态度。

清王朝入关后仅12年，即顺治十二年，就提出要为自己的爱新觉罗家族编修家谱。在明清两代的家谱和有关文献中，不断见到朝廷鼓励篡修家谱的记载。

明清时代，家谱篡修年限的时间长短没有统一规定，基本上处于自发状态。但不管时间长短，都必须在一定时间内续修，以保证家族血缘延续的完整记录，如清代玉牒，皇帝规定每10年续修一次，其余私人家谱，一般是30年续修一次；也有的是15年一小修，30年一大修；还有一些家族规定，分支家谱5年一修，合族的公谱10年一修。

不管多少年一修，应到时即修，到时不修，子孙会被人视作不孝。如果因战乱、自然灾害等特殊原因没能如期续修，重修时也应在新修家谱的序文中予以说明。

■《皇清宗室谱系》

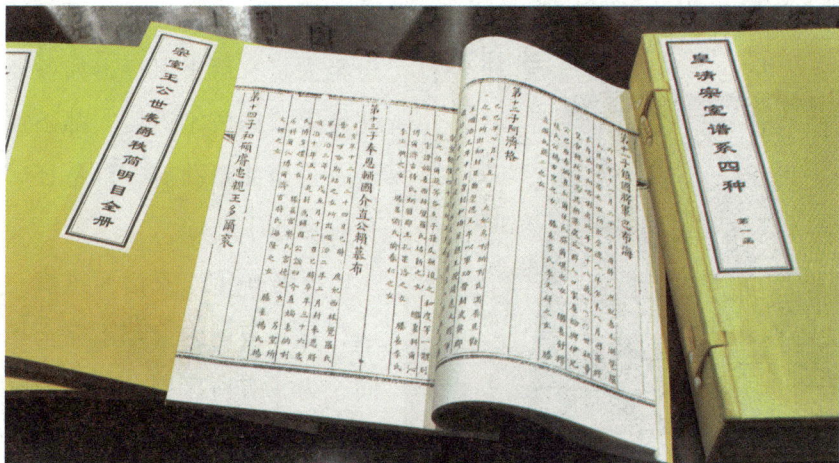

方志 记述地方情况的史志。有全国性的总志和地方性的州郡府县制两类。总志，如《山海经》《大清一统志》。以省为单位的方志，也称"通志"，如《山西通志》。元代以后著名的乡镇、寺观、山川也多有志，如《南浔志》《灵隐寺志》。方志分门别类，取材宏富，是研究历史及地理的重要资料。

家谱的纂修，通常是由家族中负有文采或职务最高的退休官员主持，也可由族长主持，成立一个临时性的修谱机构，安排好有关修谱各方面的人手，然后向全家族包括已经迁居他乡者发布榜文，要求尽快将近期的各种数据报来，然后加以汇总，也有的是在各支房谱基础上进行汇总。

修谱的经费，一部分来自祠堂公产，一部分由家族成员捐纳，捐纳数目有一个最低限额，有违抗不交者，依家规严处，甚至给予不准登记入谱，或家谱修成之后，不让领谱，也就是说给予开除家族的处分。所以修谱之时，再穷的族人，也会按时缴纳。

家谱修成后，通常要先请名人作序，以弘扬先辈祖德。家谱刻印完成，是全家族的一件大事，通常要举行祭谱仪式，在祠堂里摆酒庆贺，有时还要请戏班唱几天戏。然后，将家谱供在祠堂，其余按编号分给族人保藏。

■ 名人宗谱古籍

如果是一些大家族的分支，则还要将修好的家谱送一份至大宗家族中保存，如各地孔姓家族修成家谱后，都必须送一份至曲阜孔府，以备日后孔府修谱时收入。

每隔30年，家谱要重修一遍，每一遍的内容都不完全相同，为了有所区别，现存的家谱大多标上"续修""几修"

字样。

家谱纂修的数据来源，通常是日常积累，一般情况每年正月家族成员要到祠堂聚集，将去年各家的人口变化情况，用墨笔登记上谱。

新生儿在各自派系下，登记上出生年月日时、行第。由于旧时规定，小孩五岁入塾开蒙读书时，方由父、祖、师赐名，因而，此时只能登上小名。

世系记载

家谱文化

有娶妻者即在其名下登记娶于某地、某人之女、姓名及出生年月日时，嫁女者注明嫁于何地何人，死亡者注明死亡年月日时、寿数、葬地等，这个程序称为"上谱"。所上之谱作为日后修谱的底谱，由于是用墨笔书写，通常也称"墨谱"。

有的地方不一定一年上谱一次，有些家族规定，新生儿出生3日、死亡者半年内即要上谱，迁到外地的族人，每年也要向宗祠汇报一次其迁居地和人口变化的情况，即使皇族也是如此。

除了日常积累之外，数据的来源还有：各支族所修的家谱数据。支族修谱时间一般短于合族修谱，修成之后也要备一份给总族，以备修合族谱时采用。此外，还可以利用各种宗祠契约、文书、文件等，传记数据则可抄录各种史书、方志、碑传文等，先祖数据和以前世系，则可直接采用以前修成的家谱，只要略加考证即可。

在家谱纂修中，通常对数据的收入和使用有具体规定，主要是对家族成员的收录方面。古代纂修家谱，最重视血统世系，其主要目的是明血统、序昭穆，因而，对防止"乱宗"之事，非常重视。

为了保证血统纯净，对一些特殊人物，例如：家族成员没有后

血缘脉系

家族家谱与家庭文化

■ 古代女性的贞节牌坊

牌坊 又名牌楼，汉族特色建筑文化之一，是表彰功勋、科第、德政以及忠孝节义所立的建筑物，一般为门洞式。也有一些宫观寺庙以牌坊作为山门的，还有的是用来标明地名的。作为祠堂的附属建筑物，牌坊昭示家族先人的高尚美德和丰功伟绩，兼有祭祖的功能。

裔，如果抱养的是亲兄弟的儿子或家族中血缘较近的，可以入谱，但须清楚注明抱养于何人。如果抱养异姓人为后，则一律不准入谱。

私生子虽然有血统关系，但属伤风败俗之事，也不能入正谱，只可入附谱，并于名下注明"养"的字样。对于未成年而死亡者，具体家谱规定就不一样。

古代礼教的规范《仪礼·丧服传》规定，16岁至19岁死亡者称长殇，12岁至15岁称中殇，8岁至11岁称下殇。一般来说，下殇及以下是不入谱的，中殇以上可于其父名下注出。妻子和继妻可入谱，妾生子后入谱。

入赘之人如改本姓，男的削去字行，异姓者则一律不书，儿名下注"养"字，以上诸种规定，都是为了保持血统的纯净。

如果家族历史上出过什么著名人物，受过何种褒奖，或有奇才异行，为家族争光者，家谱中要特别注明。妇女本来在家谱中是没有什么地位的，但如果是节妇、烈女，受到朝廷褒奖，立了牌坊，则被视为全家族的光荣，家谱上要专辟一处，详细书写。

如果家族中出了不肖子孙，不直接写上，因为有辱家声，一般采用除名的方式，俗称"出谱"。

家谱纂修要遵循一定的思想，即要遵照"义例"。家谱能不能起到维系家族制度的作用，关键在于遵循什么义例去修纂。如果指导思想不明确，该写的不写，不该写的又写了，或者兼收并蓄，有文必录，非但不能巩固家族统治，还会适得其反，削弱和涣散家族制度。

明清两代修撰家谱的最基本的义例"隐恶扬善""为亲者讳"两句话。扬善就是写好的，《嘉庆桐城黄氏宗谱》卷一《凡例》载："谱以正宗派，笃恩义，故独以书善也。"

隐恶就是不写坏的，祖先族人做了坏事，不准写进家谱。对家族中的不肖子孙的除名就是隐恶的具体体现。

家谱纂修是鉴别家族血统准确性的重要手段和前提，从产生之日起，家谱就处在不断的纂修中。一些有价值的家谱相继问世，并对后世产生了重大影响。

阅读链接

绝大多数家谱规定有下列六种冒大不题之事，只要沾上其中一点，都削名不入谱。一是弃祖。凡忤逆不孝，凶暴横行，殴打兄弟致残者，殴打族人致死者，嫖妓所生的儿子等，都属弃祖，一律不准入谱。二是藐视国法。参加叛乱，大逆不道者，欺君蠹国虐民者和为吏官私舞弊者，都属叛党类，同样不准入谱。三是犯刑。犯法受刑者，或无故将人缢死还想抵赖逃脱者，都属犯刑，也不能入谱。四是败伦。乱伦、同姓通婚等都不能入谱。五是背义。其中与娼、优、隶、卒结婚的，丢失家谱者，修谱时不肯出钱者都属背义，不入谱。六是杂贱。为人奴者，从事娼、优、卒等职业者，都属自甘下贱，不得入谱。

家谱堂号的取名及使用

　　堂号是家族门户的代称，是家族文化重要的组成部分。因古代同姓族人多聚族而居，往往数世同堂，或同一姓氏的支派、分房集中居住于某一处或相近数处庭堂、宅院之中，堂号就成为某一同族人的共同徽号。

周庄张厅的玉燕堂

■ 周庄沈宅松茂堂

　　历史上的名门望族大多有本家族的堂号。高大宽敞的厅堂上，悬挂着书写堂号的匾额，每逢年节喜庆之日，还在门前挂起书写着堂号的大红灯笼。当地百姓谈论某一家族时，往往喜欢以"某某堂"来称呼。

　　堂号产生的宗旨大致有三：一是牢记祖先的郡望，二是彰扬祖先的功业道德，三是训诫子弟继承发扬先祖之余烈。

　　堂号是一个姓氏的特殊标识，它能显示姓氏发源的地缘关系。在家谱中，堂号具有联系姓氏与宗族关系的意义，也是后代寻根问祖的重要线索之一。

　　堂号名称，一般取自郡号名或为纪念家族史祖或名人而自创。堂号取自郡号名始自于秦汉时期。郡是秦、汉时期对行政区域的建置。郡号名又取自郡名或诸侯国名，或者地方府、州、县名。

　　随着姓氏家族的发展壮大，就出现了以各姓氏名

匾额 古建筑的组成部分，相当于古建筑的眼睛。匾额一般挂在门上方、屋檐下。当建筑四面都有门时，四面都可以挂匾，但正面的门上是必须要有匾的。许多匾额的四周边框上，雕饰各种花卉、图案花纹。有的镶嵌珠玉，极尽华丽。

斋名 就是书斋名，即书房名。我国历代名流雅士大都建有自己的书斋，并为之起名为斋、屋、居、室、堂、馆、轩、园、亭、庐等雅号。这些饶有情趣的室名，常给人以有益的启示。也是古代文人雅士心志心境的表达方式之一。

门望族发祥地的郡名，作为郡号的由来。

旧时，在每个家族的祠堂中，往往都有一个场所来供奉已去世的祖先的牌位，并给它取一个名号，这个名号就是堂号。子孙们每提起自家的堂号，就会知道本族的来源，记起祖先的功德。

随着生命的传递、繁衍，家族就会不断扩大。扩大的结果是，一些家族从祖居地迁居他处，另开基业，形成新的分支和新的宗族。这些新形成的宗族和分支，往往又会建立新的祠堂，来供奉最亲近的祖先。于是，由一个祠堂又会派生出许多新的祠堂来。

因此，像族谱有总谱、支谱一样，祠堂也就有总祠、支祠、分祠之分，也就是民间所说的大堂祠和小祠堂。

堂号不仅用在祠堂，还多用在族谱、店铺、书斋及厅堂、礼簿等处。也有用在生活器具上的，如在

■ 南京夫子庙明德堂

斗、口袋、钱袋、灯笼等上面大书堂号，以标明姓氏及族别。凡看重自己的姓氏和族属的人，都不会忘记本族世代相传的堂号。

从宋代开始，一些文人雅士喜欢把"堂号"署在诗文书画作品上。后来，干脆自己命名一个"堂名"，在文化交流时签署使用。实际上，这些文人已把家族的"堂号"逐步演化为个人的"斋名"。

不仅汉族，许多迁居内地的其他少数民族，如匈奴的呼延氏、回纥族的爱氏、蠕蠕族的苕氏等少数民族，内迁后接受了汉文化，也有以其繁衍地的郡名或祖上业绩之典故，作其堂号的。

堂号的历史悠久，应用广泛，在我国宗法社会中有着非常重大的意义和作用。

从功能上说，堂号的意义主要在于区别姓氏、区分宗派，劝善惩恶，教育族人。如果说郡望是高一级

李清照纪念馆的漱玉堂

郡 我国古代的行政区划单位之一。始见于战国时期。秦统一天下设三十六郡，后汉起，郡成为州的下级行政单位，介于州刺史部和县之间。隋朝废郡制，以县直隶于州。唐朝道、州、县，武则天时曾改州为郡。明清称府。

郡望 "郡望"一词，是"郡"与"望"的合称。"郡"是行政区划，"望"是名门望族，"郡望"连用，即表示某一地域范围内的名门大族，古称郡中为众人所仰望的贵显家族。隋唐时期，在我国北方有"四大郡望"：范阳卢氏，清河崔氏，荥阳郑氏，太原王氏。

别的宗族寻根标志，那么堂号是就比郡望堂低一级的宗族标志。郡望往往可以作为堂号，但堂号却大都不能用作郡望。一个姓的堂号要比郡望多得多，一姓的郡望只有数个至数十个，但堂号往往有数百甚至上千个之多。

郡望在宋代以后，就开始走向统一和固定。但堂号却随着宗族的发展，而不断地增加。

各姓的堂号虽然很多，但也不是随便乱取的。一个家族的堂号，往往都有其深刻的含义。根据取名的依据和其用意不同，堂号又可分为几个类型。

一是以地名作堂号。许多宗族喜欢以他们的发源地作为自己的堂号，这在各姓中都一样，如唐姓的"晋阳堂"、王姓的太原堂、琅琊堂，李姓的陇西堂，刘姓的彭城堂、中山堂。

这些堂号，使人一看就知道这个家族是从哪里发

■ 太原晋祠太原堂

■ 余荫山房深柳堂

源的。如唐姓的"晋阳堂"。晋阳在山西太原西南，是隋朝时太原郡治所在地。唐高祖李渊原为隋朝贵族，起兵之前曾被封为"唐国公"，封地就在晋阳。当地居民以国为姓，是唐姓的主要发祥地之一，"晋阳堂"的含义就是从晋阳迁过来的唐姓后裔。

再如，洪姓堂号"鄱阳堂"。元朝末年，以刘福通和朱元璋为首的红巾军发动起义，起初战场在长江中下游，先民为避战乱，纷纷向现宿迁一带迁移，民间通称"红巾赶散"。

因"红巾赶散"迁过来的先民，还包括其他很多姓氏。洪姓先民祖籍原在江西鄱阳湖一带，迁过来以后，为表示不忘祖籍，遂把堂号取为"鄱阳堂"。

二是以宗族典故作堂号。这类取堂号的方法，在各姓中非常流行。一个堂名，就是一个非常动人的故事，故事必须是有关本姓祖先的，如孟姓的"三迁

唐高祖（566—635），李渊，唐朝的建立者，史称唐高祖，杰出的政治家、军事家、统帅。出生于北朝的关陇贵族，隋末天下大乱时，李渊乘势从太原起兵，攻占长安。公元618年5月，李渊称帝，改国号唐，定都长安，不久之后便统一了全国。玄武门之变后，李渊退位成为太上皇。

堂"、王姓的三槐堂、刘姓的藜照堂。

这些故事，往往都极富有教育意义，能使族人缅怀先祖，激励斗志，奋发图强。如孟姓的"三迁堂"，相传孟子幼时家靠墓田，孟子就学埋坟、哭丧的事。孟母为了教育好儿子，就迁到集市旁边住。孟子又学叫卖东西的声音，孟母只好又迁。最后迁到学校旁安家，孟子学习礼让进退。由于孟母三迁，注意家庭教育，终使孟子成为圣人。

卞姓的"忠贞堂"，源于卞氏第三世祖卞壶为国牺牲的光辉历史。后来，晋明帝追封卞壶为忠贞公，旌表其居为"忠孝之门"，敕卞氏堂名为"忠贞堂"。卞壶后裔自称"忠贞堂卞氏"，表示对先祖报国忠心念念不忘。

刘姓的堂号"蒲编堂"，典出三国蜀汉皇帝刘备故事。东汉末年，刘备家居涿县，幼年丧父，贫苦无依，和母亲一起织席卖草鞋为生。起事后，常被政敌

卞壶（281—328），字望之，济阴冤句，即今山东菏泽卞庄人。东晋初著名政治家、军事家、书法家，累事三朝，两度为尚书令。以礼法自居，意图纠正当世，并不畏强权。后在苏峻之乱期间率兵奋力抵抗苏峻，最终战死。后追赠侍中、骠骑将军，开府仪同三司，谥曰"忠贞"。

■ 清代歇马举人村敦睦堂

■ 四知堂

蔑称为"织席贩屦小儿"。

刘备称帝后，常思其母编织蒲席之苦，茶饭无味。刘姓后人遂以"蒲编"为堂名，以告诫子孙勿忘祖先创业之艰辛，以简朴勤奋为本。

三是以道德伦理作堂号。这种取堂名的方法，是将一些教育族人劝善惩恶的词语，作为祠堂的名称，如敦厚堂、敦睦堂、敬本堂，几乎各姓都有。如杨姓"四知堂"。东汉人杨震为官以廉洁著称，他在调任东莱太守的途中路过昌邑县。一天夜里，该县县令王密拜见杨震，送上黄金为见面礼。杨震生气地说："老朋友了解你，你却不了解老朋友，这是什么道理呢？"王密颇为尴尬地说："半夜三更没人知道，收下也不要紧。"杨震斥责道："天知、地知、我知、你知，怎能说没人知道？"王密羞愧得无地自容。杨姓后人感念先祖的清廉正直，遂以"四知"为堂号，激励后代牢记先祖的美德。

太守 原为战国时代郡守的尊称。西汉景帝时，郡守改称为太守，为一郡最高行政长官。历代沿置不改。南北朝时期，新增州渐多。郡之辖境缩小，郡守权为州刺史所夺，州郡区别不大，至隋朝初遂存州废郡，以州刺史代郡守之任。此后太守不再是正式官名，仅用作刺史或知府的别称。明清则专称知府。

四是以祖先名号作为堂号。这种堂号在各姓中都很常见，其方法是将某一祖先的某种有特殊含义的称号或者居住地，作为本族的祠堂，如汉代伏波将军马援后裔的伏波堂、唐代诗人香山居士白居易后裔的香山堂等。

五是以先祖的名著为堂号，如周姓堂号"爱莲堂"取自周敦颐的《爱莲说》。周敦颐是北宋时的哲学家，湖南道县人。他写的作品很多，其中以《爱莲说》最为著名：

予独爱莲之出淤泥而不染，濯清涟而不妖，中通外直，不蔓不枝，香远益清，亭亭净植，可远观而不可亵玩焉。

在周敦颐的笔下，莲成了"花之君子者也"。周姓后人为表示对先祖人格的怀念，遂自命为"爱莲堂"。

此外，还有以先祖的传说为堂号。张姓是大姓，分支堂号较多，其中有一个叫"百忍堂"。这个堂名源自这样一个传说：唐朝山东郓

■曹家大院三多堂

■ 永思堂

城人张公艺活到100多岁，长寿经验就是一个"忍"字。他的族人曾把张公艺一生中忍让的事迹记录下来，写成《张公艺百忍全书》。此书在明末清初时广为流传，影响很大。有一支张姓后人遂以"百忍堂"为堂号。

再如刘姓的"青藜堂"，也叫"藜照堂"。青藜俗称红灰苕，一年生草本植物，茎高五六尺，茎老可以做拐杖，坚硬而轻，并可点火照明。

相传西汉高祖刘邦裔孙刘向在天禄阁校书，时值元宵节，众皆出游，唯刘向校书至更深烛尽。忽然一老者持着青藜杖叩门而进，对着手中青藜杖一吹便燃起亮光，照给刘向校书。

刘向对老人肃然起敬，忙施礼道："请问长者尊姓大名？"老者答道："吾乃太乙星精也，闻卯金氏（刘）之子好学，故来观察助力。"说完，从怀中取

刘向（约前77—前6），原名更生，字子政，彭城，即今江苏徐州人。西汉经学家、目录学家。他的散文主要是奏疏和校雠古书的"叙录"，较有名的有《谏营昌陵疏》和《战国策叙录》，叙事简约，理论畅达、舒缓平易是其主要特色。

万寿堂

出天文地理书籍赠给他。转眼间不见老人，外面天已大明。此后，刘向立论愈精，文章益著，才华横溢，成为皇上安邦治国的股肱之才。

作为家族的徽号和别称，堂号既是对某一姓氏家族特色的高度概括，也是当时社会形态的反映。同样具有区分宗支族别，血缘亲疏的社会功能。它的产生、发展，多与修族谱、建宗祠、祭祀祖先、宗亲联谊活动同时进行。

总体上看，堂号对于敦宗睦族，弘扬孝道，启迪后人，催人向上，维护家庭、宗族和整个社会的稳定，都具有十分重大的作用。

阅读链接

堂号的命名多样，除了文中所说的这些，还有其他命名方法，其中以祥瑞吉兆为堂号最为有特色。古代人对祥符瑞兆十分重视，常认为是上天预示吉祥的征兆，往往以之为本族堂号，如宋代王祐曾手植三槐于庭院，言其子孙必有位居三公者，其子王旦果然位列宰相，当政十余年，深为朝廷器重。其后人便以"三槐堂"为堂号，成为我国王姓中名人辈出的名门望族，与太原王氏、琅琊王氏并列为王氏三大支派。

家庭文化

　　家庭文化指的是一个家庭世代承袭过程中形成和发展起来的较为稳定的生活方式、生活作风、传统习惯、家庭道德规范以及为人处世之道等。

　　我国的家庭文化源远流长，深深地镌刻着时代的烙印，虽然受时代和家族等不同原因的影响，每个家庭秉持的具体观念有所不同，但在精神道德、价值取向、文明素质和行为举止等方面，却有着高度的一致性，如在伦理道德、家庭教育等方面均可体现出来。家庭文化是传统文化的一个缩影，其中蕴含的丰厚文化给后世以极大的启迪。

重视孝悌的家庭伦常观

家族家谱与家庭文化

舜帝铜像

家庭伦常关系是家庭文化的重要部分，人们常将"伦理"和"道德"并称，讲求的是"父慈子孝，兄友弟恭，夫义妇顺"的孝悌观。

三皇五帝的虞朝，帝王舜本是个普通平民，父亲瞽叟是个盲人，且品性固执，不懂礼仪。舜母早逝，父亲再娶，后母刁顽，常作恶言，并唆使舜父杀掉舜。

后母生了个儿子名象，为人傲慢，亦对舜仇视。但是舜仍然对父母很孝顺，对弟弟很友爱，设法避免祸害，毫不怨恨，并承

担全家的劳动工作，常在历山耕种。

■ 孝感动天

舜二十岁时，他的事迹已传播很远，到他三十岁的时候，当时的领袖帝尧为找寻替任的接班人而问计于四岳，四岳一齐推荐了舜。于是帝尧决定深入对舜进行考察，便把两个女儿娥皇和女英嫁给舜，又命九个儿子和舜一起工作，观察他对内对外的为人。

舜成亲后，要求妻子孝敬公婆，尽媳妇之道，关照弟弟，尽嫂嫂的本分，不可以因自己的高贵出身而破坏家庭的规矩。舜对尧的九个儿子要求也很严格，一点也不迁就，使他们为人更敦厚谨慎，事事心存尊敬的态度。

舜在历山耕作，由于和气谦让，同他一起开荒种地的人受到感染，变得能够互让，融洽相处，田界也不计较。舜去雷泽钓鱼，那里的人慢慢都能放下争执，互敬互让。

尧 我国原始社会末期的部落联盟首领，姓伊祁，名放勋，史称唐尧。在位期间，上下分明，能团结族人，使邦族之间团结如一家，和睦相处。自己生活简朴，吃粗米饭，喝野菜汤，得到了人们的爱戴。

舜在河边造陶器，仔细认真，不合格就重做，那些马虎的人见了，感到惭愧，跟着舜渐渐也就做得精致了。舜的品德在大家中产生很大感召力，人们都愿意亲近他。他住的地方本来很偏僻，但一年后就变成村落，两年成了邑，三年成了都。

帝尧于是很赏识舜，奖赏给他高级衣料做的衣服，一张名贵的琴，一群牛羊，又为他修建了粮仓。舜的父亲、后母和弟弟象看到后，很是妒忌，一心暗害他，想把他的东西占为己有。

舜的父亲叫舜去清洁粮仓那高高的上盖，然后暗中纵火，要烧死他。幸得娥皇、女英预先给舜准备了竹笠。舜一手拿一个竹笠张开如鸟的翅膀，乘风飘下而不死。

舜父又与象设计让舜修井，然后推下沙泥土块欲活埋他，得手之后三个人瓜分舜的财产，象要琴和舜的两个妻子，而牛羊衣物粮仓归舜父及后母。

幸好舜在两个妻子安排下，预先在井旁凿开一洞，下井后即藏身而得不死。他出来的时候，象正占据舜的房子抚弄那张名贵的琴，见到舜而终于感到惭愧不已。

舜心中明知父亲、后母和象合计害他，却仍然和过去一样，孝敬父母，友爱弟弟，并没有一丝埋怨。

帝尧对舜经过长时间的考察，又分派工作让舜去做，终于认定舜的品德确实好，而且能干，能凝聚天下有能之士，使更多能人愿意出来辅助政事，治理的地方父有义，母有慈，子女孝顺，兄长爱护弟妹，弟妹恭敬兄长，远近的部族都对舜异常尊敬，便将帝位传给他。

舜以一介平民，一跃而为虞朝的帝王，是孝悌和忠厚的结果。后来唐代吕纯阳师尊在《吕祖全书》中介绍了七十二位忠神，三十六位孝神，另五位忠孝神，合共一百一十三位，虞舜帝排于第一位，为"旋转乾坤，纯忠纯孝，揖让大德神圣，有虞大舜帝，无极至尊"，备极尊崇礼敬。要求道中人，对各忠孝神之忠孝精神要"坚志奉行，细心体会"，"朝夕拜诵，广布人间"。

春秋时期的大学问家孔子也非常重视孝悌，认为孝悌是做人、做学问的根本。在儒家看来，家庭中的父母子女关系是不可变更的，父母慈爱，子女孝顺是人道的原点，也是社会的原点。

薛征孝亲

孔子传授孝经图

《论语》儒家经典名著之一，四书五经之一，是一部记载春秋末期大思想家孔子及其弟子言行的书，为语录体。全书共二十篇，内容涉及政治、教育、文学、哲学以及立身处世的道理等多方面。《论语》与《大学》《中庸》《孟子》，合称为"四书"。

曾参是孔子的一个学生。在没有跟随老师孔子之前，曾参一直在家侍奉父母。曾参侍奉父母极尽孝道，父母的每餐饭食必亲自调理，美食无缺。

他的父亲一向喜爱吃洋枣，父亲过世后曾参便再不忍食洋枣。邻人皆称赞他不忘亲情。此后曾参对待母亲更为孝顺。

一天，他到深山中砍柴，家中有客来访，母亲人老疲惫，无法接待，来客又久不离去，母亲情急无措举起手指一口咬下。

常言说："十指连心，母子同命。"曾参在山中果然觉得心痛难忍，知道一定是母亲有事相传，便飞奔回家。

他一进门，只见老母呆坐堂中，曾参问缘由。老母告知有客来访，家中无人招待，久等不见儿归，便咬指以示儿。来客因久候不及，已经离去。

曾参听完请求母亲原谅。后来曾参从师于孔子去到鲁国，一日忽又心痛，便急辞老师回到故里。老母思儿甚切，愁急无奈，故又咬指，不料儿果然速归，心中甚是慰藉。

从此，曾参一心侍母，不再远游。齐国许以高官厚禄请他前去，他却拒绝了，说："我的父母都年老了，接受人家的俸禄就要担忧人家的事情，我不忍心远离父母去为别人做事。"

孔子知道后，在众弟子面前高度赞扬："曾参之孝心精诚之至，感动万里山河。"

《论语·里仁》记载道，子曰：

父母在，不远游。游必有方。

意思是：父母在世的时候，作为儿女的不要远游，不要到远方去，如果不得已身在远方，也要把常

曾子（前505—前435），姓曾，名参，字子舆，汉族，春秋末年鲁国东鲁人。十六岁拜孔子为师，勤奋好学，颇得孔子真传。他的修齐治平的政治观，以孝为本的孝道观，至今仍具有极其宝贵的社会意义和实用价值，是当今建立和谐社会的丰富的思想道德修养。著述《大学》《孝经》等，后世尊他为"宗圣"。

111

一脉相传

家庭文化

■ 啮指痛心

去的地方告诉父母，不让父母亲忧心。

在古人看来，不讲"家庭伦理"的人，其道德有所欠缺。事实上，社会上也常以一个人是否孝顺父母，敬老尊贤，来评判这个人的品德好坏。

一般说来，古人讲的"五伦"是包含君臣、父子、夫妇、兄弟、朋友五项。就家庭来说，父子、兄弟、夫妇三项是家庭中最基本、最主要的人伦关系，而在这其中，孝敬父母又是最重要的。

"孝悌"中的孝指孝顺父母；悌，指尊敬兄长。甲骨文中已有"孝"字。西周时，周公告诫其弟康叔说："元凶大憝,矧惟不孝不友"，这里的"友"即悌的意思。《诗经》里也有不少有关孝悌方面的内容。

西周初年，周公旦有个儿子，名叫伯禽，他是周代鲁国的第一任国君。武王去世后，发生武庚、管蔡之乱，连带东方诸国也起兵。周公东征后，平定了叛乱，统一了国家。

成王七年，成王将原本封在河南鲁山的周公迁封到山东曲阜，实际就封的是伯禽。周公旦又对将要袭其爵，而到鲁国封地居住的儿子伯禽说：

"我是文王之子、武王之弟、成王之叔父，论身份地位，在国中是很高

112

血缘脉系

家族家谱与家庭文化

■ 亲尝汤药

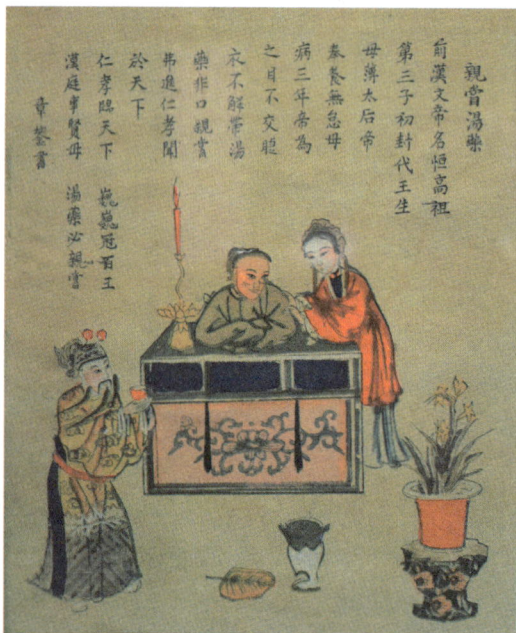

的了。但是我时刻注意勤奋俭朴，谦诚待士，唯恐失去天下的贤人。你到鲁国去，千万不要骄狂无忌。"

伯禽到了鲁国后，又发生了几次小规模的骚动。之后，伯禽率师在费地誓师，以严明军纪。在全体将士努力奋战及齐军的支援下，安定了鲁国。

传说伯禽曾经跟着叔叔康叔去拜见周公三次，被父亲痛打了三次。伯禽不知道为什么，就去问商子，这是为什么。商子说："南山的阳面有一种树，叫作桥木；北山的阴面有一种树，叫作梓木，你怎么不去看一看呢？"

伯禽听了商子的话，就去看了，只见桥木生得很高，树是仰着的；梓木长得很低，可是俯着的，就回来告诉商子。

商子就对伯禽说："桥木仰起，就是做父亲的道理；梓木俯着，就是做儿子的道理。"

到了第二天，伯禽去见周公，一进门就很快地走上前去，"扑通"一声跪下去，周公称许他受了君子的教导。

中华民族历来非常重视孝顺父母和尊敬兄长，并且身体力行。《三字经》里有句"融四岁，能让梨，弟于长，宜先知"。故事大意是，孔融四岁的时候，大人给兄弟几人分梨吃，孔融是兄弟中最小的一个，拿梨时，却拿了最小的一个，并说：我年纪小，应该吃小梨，大梨给哥哥吧。

相传，汉朝有个叫田真的人，他家中共有兄弟三人，父母都已经

单衣顺母

一脉相传

家庭文化

过世了，三人拟将父母遗留的财产分成三等份。堂前那棵紫荆树也要分，而且约定明天就要动手。说也奇怪，就在田真兄弟决定之后，这棵紫荆树却突然枯萎了。

田真看了非常震惊，就跟他的两位弟弟说："树木同株，听到自己要被分割成三份，就憔悴枯萎，难道我们人不如树木吗？"田真说着悲从中来，忍不住哭了起来，兄弟三人因此决定不再分割紫荆树。

说也奇怪，这棵树一听到田真兄弟说不分割了，就又活了过来。兄弟三人因而感悟，从此以后不再分家，愉快地生活在一起。

兄弟属于天伦之一，血脉相连，所以古人将兄弟比喻成手足，而手足就有不相分离的意思。因为，分离就会分散，分散就会孤单，而孤单就接近于灭绝。

孝悌是适应古代的宗法等级制度而提出的，以孔子为代表的儒家最重孝悌，把它推崇为最基本的道德规范。

在历史的各个时期，孝悌观念有所发展变化，历经几千年的发展，家庭中孝悌观念已演化为谦和有礼、克己忍让及讲求长幼有序等规矩理解，这些观念已经如血液般"流淌"在每一个国人的血管里。

阅读链接

"孝"是儒家伦理的重要范畴。孔子认为孝悌是仁的基础，"孝"不仅限于对父母的赡养，而应着重对父母和长辈的尊重。认为如果缺乏孝敬之心，赡养父母也就视同于饲养犬物，乃大逆不孝。孔子还认为，父母可能会有过失，儿女应该婉言规劝，力求改正，并非对父母绝对服从。孔子论"孝"，还讲"竭力""无违""知年""慎终""三年无改于父之道"等，都是从不同的角度体现对父母的孝敬。

"修身齐家"的家庭教育

孟子像

　　孟轲从小丧父，全靠母亲仉氏一人日夜纺纱织布，挑起生活重担。仉氏是个勤劳而有见识的妇女，她希望自己的儿子读书上进，早日成才。

　　一次，孟母看到孟轲在跟邻居家的小孩打架，孟母觉得这里的环境对孩子成长不好，于是搬家了。

　　这次她把家搬到了荒郊野外。一天，孟轲看到一伙穿着孝服的送葬队伍，哭哭啼啼地抬着棺材来到坟地，几个精壮小伙子用锄头挖出墓穴，把棺材埋了。

　　他觉得挺好玩，就模仿着他们

子思（前483—前402），名孔伋，字子思，孔子的嫡孙，春秋战国时期著名的思想家。子思受教于孔子的高足曾参，孔子的思想学说由曾参传子思，子思的门人再传孟子。后人把子思、孟子并称为思孟学派。子思在儒家学派的发展史上占有重要的地位，他上承孔子中庸之学，下开孟子心性之论，并由此对宋代理学产生了重要而积极的影响。

■ 孟母教子塑像

的动作，也用树枝挖地面，认真地把一根小树枝当作死人埋了下去。孟母发现后，把孟轲拉了回来。

孟母第三次搬家了。这次家隔壁是一所学堂，有个胡子花白的老师教着一群学生。老师每天摇头晃脑地领着学生念书，那拖腔拖调的声音就像唱歌，调皮的孟轲也跟着摇头晃脑地念了起来。孟母以为儿子喜欢念书了，高兴得很，就把孟轲送去上学。

可是有一天，孟轲逃学了。孟母知道后伤透了心。等孟轲玩够了回来，孟母把他叫到身边，说："你贪玩逃学不读书，就像剪断的布一样，织不成布；织不成布，就没有衣服穿；不好好读书，你就永远成不了人才。"说着，抄起剪刀，"哗"的一声，把织机上将要织好的布全剪断了。

孟轲吓得愣住了。这一次，孟轲心里真正受到了震憾。他认真地思考了很久，终于明白了道理，从此专心读起书来。由于他天资聪明，后来又专门跟孔子的孙子子思学习，终于成了儒家学说的代表

人物。

《孟母三迁》年画

孟母三迁的故事告诉人们，家庭教育要有一个良好的环境，为了使孩子拥有一个真正良好的家庭教育环境，要付出一定的代价。

古代人十分讲究"修身齐家"，《礼记·大学》曰："欲齐其家者，先修其身。"明末清初文学家李渔在《风筝误·闺哄》中讲："不会齐家会做官，只因情法有严宽。"

这些古话都强调了"修身齐家"的重要性，在这里"修身齐家"的意思是：设法把自己的家族治理好，使族人和睦相处，齐心协力。要治理好家族，一定会先从自己做起，用心改变自己的态度习惯，成为一个具有良好德行的人。

在家庭教育方面，古人是不惜精力和财力，并且常常是以身作则的。曾子是孔丘晚年最重要的弟子之一，是儒家学说的重要传承人。曾子积极宣扬、发展老师孔丘的学说，并以躬身实践而闻名。

一次，曾子的夫人要去集市，他们的儿子吵着闹

李渔（1611—1680），初名仙侣，后改名渔，字谪凡，号笠翁，浙江金华兰溪人。明末清初文学家、戏曲家。明代中过秀才，入清后无意仕进，从事著述和指导戏剧演出，著有《凰求凤》《玉搔头》等戏剧，《十二楼》《连城璧》等小说，以及与《闲情偶寄》等书。

曾参著书倡教育

着要跟着去。曾子的夫人对儿子说："好孩子，你在家里玩耍，一会儿母亲从集市回来，给你杀猪吃。"

孩子听完之后，便留在家中玩儿，不再吵着跟去了。过了一会儿，曾子的夫人从集市回来了，曾子便去捉猪准备宰杀。夫人阻止说："我只不过说说而已，你怎么还当真了呢？"

曾子一本正经地说："可不能跟孩子撒谎啊，小孩子没有很强的思考和判断能力，父母便是孩子的老师啊。现在你骗他，这是教孩子撒谎啊！母亲欺骗孩子，孩子就再也不会相信母亲了，这不是教育的方法。"

说完，曾子把猪杀掉，煮肉给孩子吃。儒家学说十分重视德行教育，曾子以身作则，很好地践行了儒家的这条家庭教育准则。

郑板桥名燮，字克柔，号板桥，江苏兴化人。五十岁以前，读书、教书、卖画。五十岁时考中进士，出任山东潍县知县。

五十二岁时，郑板桥有了儿子，起名小宝。他对小宝十分喜欢。为了把儿子培养成有用的人才，他非常注意教育方法。

郑板桥在山东潍县做知县时，将小宝留在家里，让妻子及弟弟郑墨照管。郑板桥看到当时的富贵人家子弟，又担心自己的儿子被娇惯变坏，所以他身在山东，而心念在家的儿子。他总想把儿子小宝委托堂弟郑墨帮助照管，会比自己更娇惯。所以，他从山东不断写诗寄回家中让小宝读。"锄禾日当午，汗滴禾下土。谁知盘中餐，粒粒皆辛苦。""昨日入城市，归来泪满巾，遍身罗绮者，不是养蚕人""九九八十一，穷汉受罪毕，才得放脚眠，蚊虫跳蚤出。"小宝在母亲的带领下，一遍又一遍地背记着这些诗句，从而明白了许多人生的哲理。

当郑板桥听说在家的小宝常常对孩子们夸耀"我爹在外面做大官！"，有时还欺侮用人的孩子，立即写信给弟弟郑墨说："我五十二岁才得一子，岂有不爱之理！然爱之必以其道。"

他要弟弟和家人对小宝严加管教，注意"长其中厚之情，驱其残忍之性"。弟弟和家人按照郑板桥的意愿对孩子进行教育，收效很大，就给郑板桥写了封信，讲了孩子的长进，并说，照此下去，长大之后准是个有出息的人，能像你一样，当个官儿。

郑板桥雕像

郑板桥看了这封信后，觉得弟弟对小宝太姑息了，这样做对孩子并没有什么好处。于是，立即给弟弟郑墨复信说："我们这些家人，一捧书本，便想中举，中进士，做官，如何攫取金钱，造大房屋，置多田产。起手便走错了路，越来越作坏，总没个好结

乡试 我国古代科举考试之一。唐宋时称"乡贡""解试"。由各地州、府主持考试本地人，一般在八月举行，故又称"秋闱"。金代以县试为乡试，由县令为试官，考中者方能应试。明、清两代定为每三年举行考试一次，考中者原则上即获得了选官资格。

果。"他还说："读书中举、中进士、做官，此是小事，第一要明理做好人。"这里所说的好人，是品德修养高尚的人，是有益于社会的人。

郑板桥临终前，让小宝亲手做几个馒头端到床前。当小宝把做好的馒头端到床前时，他放心地点了点头，然后合上了眼睛，与世长辞了。

临终前，他给儿子留下遗言，祝福儿子要靠自己的能力吃饭，不能靠祖荫偷生。

清朝大臣曾国藩身居要职公务繁忙，写信成为他教育子女的重要手段。1864年7月，小儿子曾纪鸿去长沙参加乡试，以曾国藩当时节制东南半壁江山的地位，递个条子，打个招呼，就可以搞定了。

曾国藩不但没有那么做，而且在考前明确对曾纪鸿说："考前不可与州县来往，不可送条子。进身之始，务知自重。"

在判卷子期间，曾国藩又怕曾纪鸿去活动，专门去信告诫他："断不可送条子，致腾物议。"结果曾

■ 古代的家庭教育

■ 清代官员教书育人

纪鸿连着几次都没考上，后来只是个副贡生。

曾国藩因功劳很大，获封一等侯，他的四个弟弟曾国潢、曾国华、曾国荃、曾国葆也都是高官，可谓满族荣华。当时官宦子弟无不想凭借权势挤入官场，曾国藩却多次表示："凡人多望子孙为大官，余不愿为大官，但愿为读书明理之君子。"

又说："银钱、田产最易长骄气，我家中断不可积钱，不可买田，尔兄弟努力读书，不怕没饭吃。"

曾国藩一生著述颇多，但以《曾国藩家书》流传最广，影响最大。他的一生是"修身齐家治国平天下"的真实写照。在持家教子方面，曾国藩主张勤俭持家，努力治学，睦邻友好，读书明理。

勤俭持家在曾国藩家书里有两层意思，一是家庭成员要克勤克俭，二是做家长的要勤以言传身教。曾

贡生 科举时代，挑选府、州、县生员中成绩或资格优异者，升入京师的国子监读书，称为贡生。也就是以人才贡献给皇帝。明代有岁贡、选贡、恩贡和细贡；清代有恩贡、拔贡、副贡、岁贡、优贡和例贡。清代贡生，别称"明经"。

国潘说的这些，他自己就能一丝不苟地带头去做，而且做得非常好。

大儿子曾纪泽喜欢西方社会学，小儿子曾纪鸿喜欢数学和物理学，曾国藩虽然一窍不通，也能尽自己所能去了解，去努力学一点。

他常对子女说，只要有学问，就不怕没饭吃。他还说，门第太盛则会出事端，主张不把财产留给子孙，子孙不肖留亦无用，子孙图强，也不愁没饭吃。

在曾国藩的影响下，曾纪泽总是会亲自教孩子们学英语、数学、音乐，还教他们练书法、写诗文、讲解经史典章，不论再忙，每日总要抽出时间来陪孩子、陪家人。

实际上，古人很早就已经认识到"修身齐家"的重要性和必要性，也知晓了"齐家"才能"治国平天下"的道理，历史上留下了"唐太宗诫子""朱皇帝杀驸马"等许多家庭教育的佳话。

家庭教育中，父母是教育子女的主导，父母希望孩子成为优秀的人才，为国家效力，为家族争光，就要高度重视"修身齐家"的教育，这样才可能培养出能够"光宗耀祖"的人才。

阅读链接

曾国藩曾请了江南制造局的两位传教士在家中指点两个儿子学英文。长子曾纪泽在日记中记下一些苦学的片段：一本字典，两本教材，从26个字母学起，每天规定读6句，后来8句，进而10句，笨拙而艰难；清早起来，一遍遍练习，出门会客，坐在轿子里一个人叽哩咕噜地说。

曾纪泽后来成了出色的外交官，在1881年2月代表清政府签署《中俄伊犁条约》时，迫使俄国将业已吞下的伊犁等地吐了出来。俄国代理外交大臣格尔斯称赞他说："我办外国事件42年，所见人才甚多，今与贵爵共事，始知中国非无人才。"

秉持勤俭持家的治家观

　　勤俭持家是古代大多数家庭秉持的重要治家观，清代思想家朱柏庐在《朱柏庐治家格言》中说："一粥一饭，当思来之不易；半丝半缕，恒念物力维艰。"意思是：吃每一碗粥、一碗饭时，应该想想这粥饭来之不易；生活所需的每半根丝、每半缕线，都要想一想其中有多少人的心血，意指衣食来之不易，应该好好珍惜。

　　季文子是春秋时期鲁国的正卿，出身于三世为相的家庭，在鲁国，可以说处于一人之下万人之上的地位。

　　但他异常俭朴，以节俭为立身的根本，并且要求家人也过俭朴的生活。他穿衣只求朴素整洁，除了朝服以外没有几件像样的衣服，每次外出，所乘坐的车马也极其简单。

见他如此节俭，有人就劝季文子说："你身为上卿，德高望重，但听说你在家里不准妻妾穿丝绸衣服，也不用粮食喂马。你自己也不注重容貌服饰，这样不是显得太寒酸，让别国的人笑话您吗？这样做也有损我们国家的体面，人家会说鲁国的上卿过的是一种什么样的日子啊。您为什么不改变一下这种生活方式呢?这于己于国都有好处，何乐而不为呢？"

季文子听后淡然一笑，对那人严肃地说："我也希望把家里布置得豪华典雅，但是看看我们国家的百姓，还有许多人吃着粗糙得难以下咽的食物，穿着破旧不堪的衣服，还有人正在受冻挨饿；想到这些，我怎能忍心去为自己添置家产呢？如果平民百姓都是粗茶敝衣，而我却是妻妾锦衣，精养粮马，这哪是治家之道啊！"

这一番话，说得那个人满脸羞愧之色，同时也使得他内心对季文子更加敬重。此后，他也效仿季文子，十分注重生活的简朴，让妻妾只穿用普通布做成的衣服，家里的马匹也只是用谷糠、杂草来喂养。

明太祖朱元璋从一个乞丐历经千辛万苦好不容易爬上了皇帝高位，但是他没有恣意享乐起来，反而变得更加节俭。一年，他的结发妻子马皇后过生日，高官权贵都前来祝贺。

等到百官来齐后，朱元璋吩咐上菜。菜肴摆上了桌，百官一看，并非是什么山珍海味，鸡鸭鱼肉，而是简单朴素的几道菜：炒萝卜、炒韭菜、

朱元璋画像

■ 朱元璋接见官员图

两碗炒青菜和一碗葱花豆腐汤，标准的"四菜一汤"。

　　最后，朱元璋当众宣布：今后众卿请客，最多只能"四菜一汤"，这次皇后的寿宴即是榜样，谁若违反，严惩不贷。那些官员们听了朱元璋的一番言辞，明白了他的用意，无不诚惶诚恐，连连称是，不敢再肆无忌惮，大吃大喝。后来在朱元璋故乡凤阳流传关于四菜一汤的歌谣：

　　　　皇帝请客，四菜一汤。萝卜韭菜，着实甜香。
　　　　小葱豆腐，意义深长。一清二白，贪官心慌。

　　南梁时代，徐勉担当中书令要职。他为政清廉，家里一点积蓄也没有。朝廷发给他的俸禄，他也常常分发给家族中的贫穷者。看到徐勉家生活拮据，他身边的人为之担忧。

　　有一天，与他私交较深的几位同事向他进言说："您一点积蓄也没有，百年之后，也得为儿孙们考虑考虑呀……"

血缘脉系

家族家谱与家庭文化

明太祖朱元璋坐像

徐勉回答说："别人做高官留给子孙以金银财宝，但是我认为留给子孙以清白比金银财宝还厚重。我死之后，如果儿孙们有本事，就能自立自强；如果没本事，我即使留下产业，也早晚会落入他人之手。"这番话说得进言的几位同事连连点头称是。

徐勉当官常常不在家，他多次以书信方式教育子女。有几次他写信给儿子徐崧说："吾家世清廉，故常居贫素。至于产业之事，所未尝言，非值不经营而已……古人所谓以清白遗子孙，不亦厚乎？"

宋代寇准自幼丧父，家境贫寒，全靠母亲织布度日。寇母常常在深夜一边纺纱一边教寇准读书，督导寇准苦学成才。后来寇准上京应考，得中进士。喜讯传到家里时，寇母已身患重病。临终前，她将亲手画好的一幅画交给老仆刘妈说："日后寇准做官，如果有错处，你就把这幅画给他看。"

后来，寇准做了当朝的宰相。一次，为庆贺生日，大摆筵席，准备宴请群僚。刘妈认为时机到了，便把画交给寇准。寇准展开一看，见是一幅《寒窗课子图》。画上有首诗："孤灯课读苦含辛，望尔修身为万民；勤俭家风慈母训，他年富贵莫忘贫。"

寇准再三拜读，泪如泉涌。拜读后，他令人撤去寿宴，辞退所有寿礼。从此专心料理政事，最终成为宋朝一位有名的贤相。

"勤俭"2字包含两层意思，"勤"是指勤劳；"俭"是指简朴。光"勤"不"俭"不行，同样，光"俭"不"勤"也不能使家过得兴旺。

过去，在中原的伏牛山下，住着一个叫吴成的农民，他一生勤俭持家，日子过得无忧无虑，十分美满。

相传他临终前，曾把一块写有"勤俭"二字的横匾交给两个儿子，告诫他们说："你们要想一辈子不

127

一脉相传

家庭文化

■ 古人生活图

■ 古人生活图

礼 在我国古代中，礼是社会的典章制度和道德规范。作为典章制度，它是社会政治制度的体现，是维护上层建筑以及与之相适应的人与人交往中的礼节仪式。"礼"作为道德规范，它是领导者和贵族等一切行为的标准和要求。

受饥挨饿，就一定要照这两个字去做。"后来，兄弟俩分家时，将匾一锯两半，老大分得了一个"勤"字，老二分得一个"俭"字。

老大把"勤"字恭恭敬敬高悬家中，每天"日出而作，日落而息"，年年五谷丰登。然而他的妻子过日子却大手大脚，孩子们常常将白白的馍馍吃了两口就扔掉，久而久之，家里没有一点余粮。

老二自从分得半块匾后，也把"俭"字当作"神谕"供放中堂，却把"勤"字忘到九霄云外。他疏于农事，又不肯精耕细作，每年所收获的粮食就不多。尽管一家几口节衣缩食、省吃俭用，毕竟也是难以持久。这一年遇上大旱，老大、老二家中都早已是空空如也。

他俩情急之下扯下字匾，将"勤""俭"二字踩碎在地。这时候，突然有纸条从窗外飞进屋内，兄弟俩连忙拾起一看，上面写道："只勤不俭，好比端个没底的碗，总也盛不满！""只俭不勤，坐吃山空，一定要受穷挨饿！"

兄弟俩恍然大悟，"勤""俭"两字原来是不能分家，相辅相成，缺一不可的。吸取教训以后，他俩将"勤俭持家"四个字贴在自家门上，提醒自己，告诫妻室儿女，身体力行，此后日子过得一天比一天好。

历史上，秉持勤俭持家的大有人在，可以说数不胜数，是世代传家之宝。因此，可以说勤俭不仅仅是一种美德，一种素养，更是一种使家族兴旺，生活蒸蒸日上的制胜法宝。

有句古训说"一等人忠臣孝子，两件事读书耕田"。"耕读传家"流传深广，深入民心。耕田可以事稼穑，丰五谷，养家糊口，安家立命。读书可以知诗书，达礼义，修身养性，以立高德。

"耕读传家"就蕴含着勤俭持家的核心，在农耕社会里被视为世代传家、民族延续的根本，被世世代代的人们视为治家的思想瑰宝。

阅读链接

与勤俭持家相反，奢侈浪费最终的结局一定是败亡。商朝最后一个国王叫作纣，是历史上有名的暴君。他荒淫无度，把殷都向南扩大到朝歌，向北扩大到邯郸、沙丘，在这广大地区修建离宫别馆、苑囿台榭。他宠爱美女妲己，终日歌舞，令乐师新作"淫声"，有所谓"北里之舞""靡靡之乐"。此外，他还造酒池肉林，酗酒无度。商纣大肆搜刮，粮食装满了巨桥的仓库，无数珍宝堆满了鹿台。他为博取宠妃妲己一笑，不惜撕破千绢万帛，最终落得了亡国的下场。

大受欢迎的家庭保护神

神祇是一种民间信仰的产物，它象征着吉祥、威力和正义，寄托着人们的愿望、幸福和慰藉。远古时，华夏祖先就信奉多种神祇，久而久之，成为家庭文化的一部分。在华夏先人信奉的多种神祇中，家庭保护神是最受重视和欢迎的。

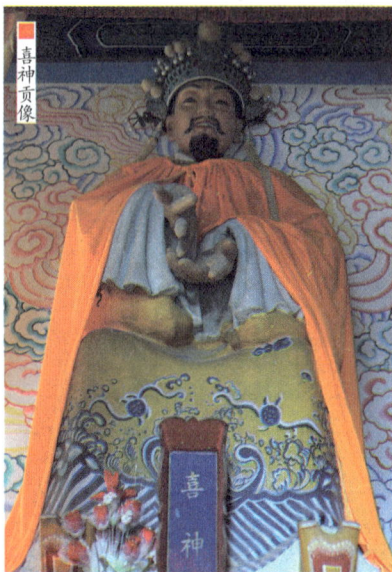

喜神贡像

家庭中，涉及祭奠祖先、娶妻生子、给老人做寿等事情时，都会想到吉祥之神。吉祥之神也叫喜神。因为人们希望凡事趋吉避凶，追求喜乐高兴，因此就臆造出了一个喜神。

喜神最大的特点是没有具体的形象，相传，喜神原本是拜北斗星神的一个虔诚女子，修道成仙时，北斗星君询问其所求，女子以手掩

■ 喜神牌位

口，笑而不答，北斗星君误以为她祈求要胡须，就赐了她长须。

因为她笑时呈喜像而被封为喜神。因为有长须，就不再让凡人看到她的形象，从此喜神专司喜庆，却不显神形。

喜神没有专门的庙宇，高度抽象，但是后世也有将祖先画像视为喜神进行奉祀的。对于喜神的敬奉在各种礼俗活动中均很常见，如庆祝中举、升官、结婚等活动。

春节俗称为过年，是人们最重视的传统节日之一，过年的时候要举行很多活动，庆祝活动中就有祭祀喜神的习俗。长江流域一带非常重视祭祀吉神，正月初一早晨，人们祭拜祖先和其他重要神祇之后再祭祀喜神。

祭祀喜神是隆重而严肃的。人们要穿戴整齐，事

北斗星君 就是北斗真君，又称为北斗七元星君。北斗真君的信仰来源于古人对北斗七星的崇拜，北斗七星依次分别为天枢、天璇、天玑、天权、玉衡、开阳、摇光，道经中命名为贪狼、巨门、禄存、文曲、廉贞、武曲、破军。

《协纪辨方》
又名为《钦定协
纪辨方书》，我
国古代典籍中关
于民事趋吉避凶
的集大成之作，
共三十六卷，主
要内容为择吉、
选择用事之用。
1739年，由允
禄、梅毂成、何
国宗等三四十人
奉敕编撰，乾隆
亲制序文。后收
于《四库全书》
第811册子部中。

先已查过历书，按照历书上注明的这一年喜神降临的方向，打开自己的家门，提着灯笼，拿着香表等祭祀应用之物，恭恭敬敬地向喜神降临的方向走去，沿途还得大放鞭炮，这就是迎喜神的仪式。

迎喜神路上如果遇到人或动物，都要烧香、放鞭炮，还要祭拜一番。喜神居无定所，人们不知道喜神在什么地方，据清乾隆时编撰的《协纪辨方·义例·喜神》载：

> 喜神于某日居艮方，是在寅时；乙庚日则居乾方，是在戌时；丙辛日居坤方，是在申时；丁壬日居离方，是在午时；戊癸日居巽方，是在辰时。

■ 迎喜神所用的贡品

结婚乃人生一大乐事，所以办婚事又称办喜事。办喜事当然离不开喜神，过去家中，迎娶新娘时，新娘坐立须对正喜神所在的方位。知道喜神的方位后，新娘的轿口必须对着该方向。新娘上轿后，要停一会儿，叫作"迎喜神"，然后才能出发。

财神是家庭普遍供奉的一种主管财富的神祇，逢年过节，许多人家都会以不同的形式祭拜财神。希望在新的一年里能够招财进宝，年年有余，从而使自己的生活更加富裕快乐。

一种普遍的说法认为，每年正月初五是财神日。在这一天，无论是官宦人家，还是平民人家，都会摆上鸡、鱼、水果等供品，摆设香案，燃放鞭炮，欢欢喜喜地迎接财神到家。

祭祀财神后，南方的人家要包馄饨、吃馄饨，而北方的人家则吃饺子。据说是因为馄饨和饺子都形似元宝，借此祈愿自己能在新年中财运亨通，财源滚滚。

■ 财神像

至于财神究竟是谁，长什么样，历代的说法各不相同。有的说财神有五路，这五路财神原来是五兄弟。这五兄弟每年都在正月初五这天到民间巡游，察访民情，这时候哪户人家要是供奉迎接他们到家，谁家就能全家新年五路进财。

也有的说，财神分为文财神与武财神。文财神是商纣王手下的忠臣比干，他因为忠心耿耿直言劝谏，最后被商纣王剖腹摘心而死。比干是一个极善于管理财务的人，所以死后被天帝封为财神，即文财神。

武财神叫赵公元帅，又叫赵公明，陕西终南山人，是商朝的一员武将。直到秦朝时，他还神奇地活着，已显示出与众不同的神性了。

赵公明的故事见于《封神演义》。他在帮助纣

馄饨 汉族的传统面食，用薄面皮包馅儿，通常为煮熟后带汤食用。源于我国北方。古代人认为这种食物属于一种密封的包子，没有七窍，所以称为"浑沌"，后来才称为"馄饨"。在这时候，馄饨与水饺并无区别。后来馄饨却在南方发扬光大，有了独立的风格。至唐朝起，馄饨与水饺的称呼才正式分开。

■ 财神赵公明像

王与周朝对抗中，被姜子牙运用法术夺去了性命，死在商朝军队中。姜子牙率领大军消灭商朝之后，奉元始天尊之命，登上岐山的封神台，大封双方阵亡忠魂。

赵公明被封为"金龙玄坛真君"，所以，赵公元帅又有"赵玄坛"之称。赵玄坛的职责是"迎祥纳福"，姜太公又派了四名天神做他的助手。这四个助手分别是：招宝天尊萧升、纳珍天尊曹宝、招财使者乔有明、利市仙官姚迩益。有了这四个助手，赵公明就成了真正的财神。

在我国民间众多财神的塑像和绘画中，赵公元帅的形象十分威猛。他面色黝黑，长着一脸络腮胡子，头戴一顶铁盔，手执铁鞭，骑着一匹威风凛凛的黑虎，巡视民间。

据记载，赵公明法术无边。他能驱雷逐电，呼风唤雨，除瘟祛疫，禳除灾异。赵公明不仅能保佑百姓发财，同时还能为民申冤。他有这么大的本事，而且有求必应，当然受到了人们的欢迎。

灶神又叫"灶王爷"，是保佑家族生存繁衍的重要神祇。宋朝著名诗人范成大《祭灶诗》写道：

古传腊月二十四，灶君朝天欲言事。云车风马小留连，家有杯盘丰典祀。猪头烂熟双鱼鲜，豆沙甘松米饵圆。男儿酌献女儿避，酹酒烧钱灶君喜。婢子斗争君莫闻，猫犬触秽君莫嗔。送君醉饱登天门，勺长勺短勿复云。

这首诗生动地描述了古代老百姓祭祀灶王爷的场景，表明了人们祭祀灶王爷的原因以及人们期盼灶王爷祛灾赐福的美好愿望。

灶王爷又称"灶君"。人们对灶神的崇拜，可谓源远流长。随着时代的变迁和推移，灶神亦几经变化。

上古时候，炎帝是主管夏天和火的南方天帝，祝融则是他的佐神。据《淮南子》中所说："炎帝作火官，死而为灶神。"又据许慎《说文解字》说："周礼以灶祠祝融。"由此可见，炎帝和祝融都曾为灶神。

又有传说，玉皇大帝的小女儿，爱上了一个专门为人们烧火做饭的心地善良的穷小伙子，并且俩人私订终身，闹得天上人间沸沸扬

■ 财神塑像

扬。玉皇大帝很要面子，迫于无奈，只好将小伙子列入神班，封为"灶王"。这样，灶神有了配偶后，民间便有了称呼灶神为"灶王爷爷"或"灶王奶奶"的分别。

尽管灶神几经变化，但他的神职却没有改变。灶神的职责是"古传腊月二十四，灶君朝天欲言事"，或说"灶神晦日归天，告人罪"。意思就是，灶神在晦日这一天，也就是每年农历腊月的二十三日或二十四日，要到天上去向天帝汇报人们的善恶。

老百姓怕灶神说他们的坏话，因而就在这一天祭祀灶王爷。祭祀时，人们供上粑粑、糖、粉饵、果品、鱼、肉等祭品，还要焚香点烛烧纸钱，叩头礼拜送灶王爷上天。

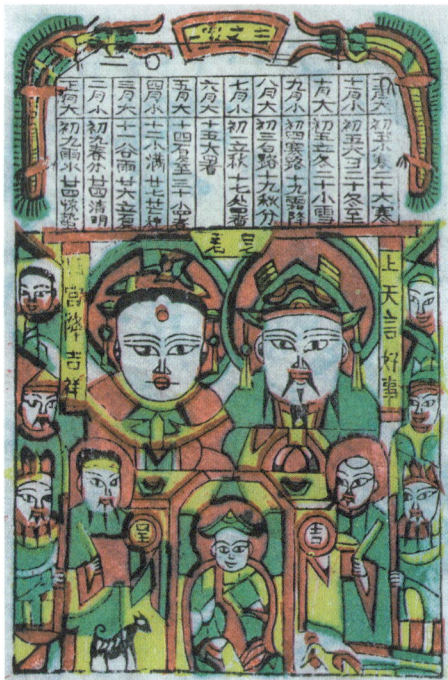
灶神年画

有的人家还把糖涂在画像中灶神的嘴上，希望他能到天帝那儿多说好话。有的人家在灶神嘴上抹粑粑之类的黏物，粘住灶神的牙齿，使他说话含混不清，以此来封住他的嘴。还有的用酒祭祀，就是希望灶神喝醉后无法多言。

到了除夕晚上，人们再用同样的办法把灶神接回家中来住，借以保佑自己。人们此举，就是希望灶神"上天言好事，下地降吉祥"。

由于灶神有着上天言事并间接消灾赐福的神职，因而民间对灶神的崇拜是非常普遍的，几乎家家户户的厨房里都供着灶君的神位。腊月二十四或除夕要祭拜灶神。

在古时候，每到除夕晚上，几乎家家户户都要在门上贴门神画像，以祈保阖家平安，吉祥幸福。人们认为，有了门神的护佑，邪神恶鬼就不敢作祟。

门神神像中的人物有许多种，但其中最早的是神荼和郁垒。相传远古时代，黄帝不仅是人间的最高统治者，而且还是神鬼世界的最高主宰。对那些时隐时现地游荡在人间的鬼，黄帝就派神荼和郁垒兄弟二人去统辖。

神荼和郁垒兄弟二人居住在东海的桃都山。山上有一棵大桃树，它茂盛之极，枝干纵横交错。树的顶端站着一只金鸡，当早晨第一缕晨曦普照大地时，金鸡就鸣叫起来，于是天下所有的鸡都随之啼叫。

在大桃树的东北角，有一个鬼门，万鬼都由此出入。当金鸡鸣叫时，神荼和郁垒就站在鬼门旁边，威风凛凛地把守着，认真检阅着那些在人间游荡了一夜后归来的形形色色的鬼。传说鬼只在夜间活动，天快亮时，不等鸡叫就赶快往回跑。

神荼、郁垒两个门神如果发现哪个鬼为非作歹、危害人间，便马上用芦苇绳子把它捆绑起来，拿它去喂老虎。恶鬼害怕被神荼、郁垒

一脉相传 家庭文化

灶神年画

孙膑 战国初期军事家，兵家代表人物。孙膑原名不详，因受过膑刑故名孙膑。孙膑是春秋时期军事家孙武的后代。孙膑曾与庞涓为同窗，因受庞涓迫害遭受膑刑，后在齐国使者的帮助下投奔齐国，被齐威王任命为军师，辅佐齐国大将田忌两次击败庞涓，取得了桂陵之战和马陵之战的胜利，奠定了齐国的霸业。著有《孙膑兵法》一书传世。

■ 门神神荼年画

发现劣迹，都小心行事，轻易不敢做坏事。因此，神荼和郁垒两兄弟就成了恶鬼的克星。有他俩存在，鬼就不敢上门，家就能平安无事。

神荼、郁垒两位门神不可能随时随地发现并把所有邪神恶鬼都除掉。于是，黄帝就命令人间百姓礼敬这两位门神，用以随时驱魔逐恶，因此后世逐渐形成了信仰神荼、郁垒的习俗。

人们把这两位神的画像挂在家门的两旁，又在门枋上画一只大老虎，还要在门上悬挂一段芦苇绳子，以抵御妖魔鬼怪的侵扰。

后来，人们为了图方便，就造出了门神画像，过年时就贴在门上，还有的更省事，就在门上写上神荼、郁垒的名字。这样，神荼和郁垒就成了家家户户最普遍、最受欢迎的门神了。

随着社会的变迁，人们又造出了一些新的门神。这些新的门神中还有武将门神和文官门神之分，他们多为各朝历史人物，也有不少神话人物，著名的如孙膑、赵云、马超、岳飞等。不过，最流行、最为后世百姓所接受的，则是唐朝初年的名将秦琼和尉迟恭。

明代神话巨著《西游记》中记载了这样一个传说：泾河老龙因为与一术士打赌，违反了天规，没能按规定时间降雨。玉皇大帝大怒，命令唐太宗的大臣魏徵负责斩杀泾河老龙。

泾河老龙于是托梦给唐太宗，求他嘱咐魏徵放他一条生路。唐太宗在梦中答应了泾河老龙的请求。于是，醒来之后，唐太宗就传旨让魏徵陪他下棋，企图借此拖住魏徵，使他错过行刑的时刻。

未曾想到，魏徵在下棋时困顿不堪，昏然睡去，其魂魄飘飘然然来到了天庭，领了玉帝旨意，按时斩杀了泾河老龙。

泾河老龙气愤难平，他恨唐太宗不守信用，便夜闯唐太宗寝宫。唐太宗被吓得夜不能寝，神情恍惚。朝中大将秦琼和尉迟恭两人奉命在晚上身披盔甲、手执金瓜斧钺，一左一右，把守于唐太宗寝宫门外。一连几个晚上，都平安无事。

■ 门神年画

斧钺 春秋时期用于作战的兵器，同时还是军权和国家统治权的象征。钺的式样与斧相同，形体较斧为大。钺在斧头之上加有突出的短矛，长约六寸。使钺之法合斧、矛、枪三者为一体。其用法除有斧、矛和枪之外，还有刺、拨、点、追四法。斧钺，由于其杀伤力不如戈矛，因此后来，多用于仪仗、装饰之需，以作为军权的象征。

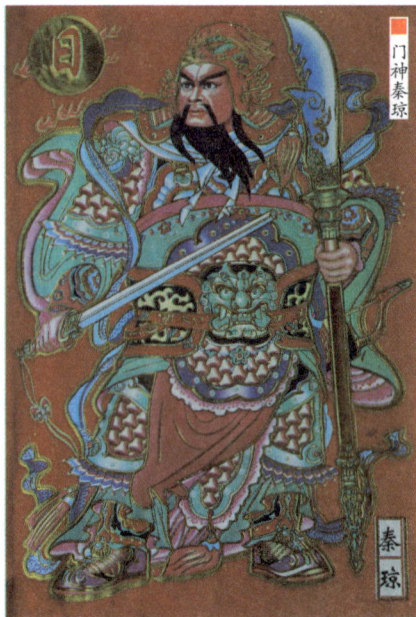
门神秦琼

秦琼

可是，秦琼、尉迟恭两人毕竟是人，长年累月地值守终非长久之计。唐太宗也不忍心两位爱将终夜辛苦，于是便命令画师，把秦琼、尉迟恭身披盔甲、手执兵刃、腰佩鞭练弓箭的戎装形象画成图像，贴在宫门上，宫内从此没有邪神恶鬼再来作祟。后世沿袭，两人因此成了门神。

把秦琼、尉迟恭两人的画像贴在门上，开始只在有权势人家流行。后来，渐渐流行到了普通百姓家。为了抵御邪鬼恶魔的侵袭，人们把画有秦琼、尉迟恭像的图画贴在门上，也有的人家不用图像，而直接写上二人的名字，分别贴在家门的两旁。

家庭的保护神，不仅仅限于喜神、财神、灶神、门神等四种，还有媒神、福神、寿神、井神、蚕神、陶神等，他们的存在进一步丰富了我国家庭文化的内涵。

阅读链接

在民间传说中，吉神又叫泰逢神，是一个人人都愿意见到的天神，谁要是遇见他，肯定不久后就会有什么喜事降临。泰逢是东首阳山的主神，那山上光秃秃的，没有什么树木，但是山上盛产美玉。泰逢的脸与人差不多，但身体像野猫，后面还拖着一条长长的大尾巴。每次出行的时候，在他周围，都有彩色的光环闪耀着。谁若是见到他这个模样，他就能给谁带去福音和吉祥。

亲属文化

　　亲属关系是因婚姻、血缘或收养而产生的社会关系。"亲属"二字由来已久，《礼记·大传》载："亲者，属也。"汉代刘熙在《释名·释亲属》中说："亲，衬也，言相隐衬也""属，续也，恩相连续也。"这些解释虽然没有揭示亲属的社会属性，但都说明了亲属之间具有相衬相续的密切关系。

　　亲属之间是靠血缘和姻亲为纽带而形成的人与人的联络，亲属关系倾向于靠姻亲而产生的家族关系。相对而言，它要比单靠血缘连接而形成的宗亲关系更为庞大。

古代对亲属的定性和分类

　　亲属是人类社会的一种重要的社会关系。从本质上说，亲属是基于婚姻、血缘和法律拟制而形成的社会关系。

　　亲属关系包括夫妻、父母、子女、兄弟姊妹、祖父母和外祖父母、孙子女和外孙子女、儿媳和公婆、女婿和岳父母，以及其他三代

■古代家庭壁画

■ 古代家庭蜡像

以内的旁系血亲，如伯伯、叔叔、姑母、舅、阿姨、侄子女、甥子女、堂兄弟姊妹、表兄弟姊妹等。

亲属和家庭成员有所不同，它不等于家庭成员，有亲属关系的人可能分属于多个不同的家庭；家庭成员并不绝对有亲属关系。

"亲属"二字由来已久。先秦典籍《礼记·大传》载："亲者，属也。"汉代刘熙在《释名·释亲属》中说："亲，衬也，言相隐衬也""属，续也，恩相连续也。"

这些解释虽然没有揭示亲属的社会属性，但都说明了亲属之间具有相衬相续的密切关系。

"亲属"一词广泛地见于律条，是从明律开始的，如明律中有"亲属相盗""亲属相殴""亲属相奸""娶亲属妻妾"等条目。清末以来的历次民律草案中都有亲属一编。

刘熙 生于汉末桓、灵之世，字成国，东汉经学家、训诂学家，山东昌乐人，官至南安太守。刘熙著有《释名》和《孟子注》，其中《释名》是我国比较重要的训诂著作，对后代有很大影响。《孟子注》今已不传。

亲属文化

在古代，对亲属的定性和分类是家庭重男轻女，以男子为中心的宗法制度的产物。古代最早将亲属分为宗亲和外亲两种，到明、清时期，妻族从外亲中分离出来，因此，在古代，亲属是分为：宗亲、外亲和妻亲3种类型的。

宗亲，又称木亲、木族，指同宗的亲属，是指出自同一祖先的父系男性血亲及其配偶和"在室女"。"宗亲"一词语出《吕氏春秋·大乐》：

故能以一听政者，乐君臣，和远近，说黔首，合宗亲。

还有，唐朝文学家韩愈在《袁氏先庙碑》说：

袁公滋，既成庙，明岁二月，自荆南以旌节朝京师，留六日，得壬子春分，率宗亲子属，用少牢于三室。

宗亲由三部分亲属组成：一是出自同一祖先的父系男性血亲，如高祖父、祖父、伯父、叔父、兄弟、子、孙子、玄孙等。这类亲属同宗同姓，在旧律中又称"本宗"或"正宗"。

二是出自同一祖先的父系男性血亲的配偶，如母、祖母、妻、儿媳、伯母等。这些女性虽属于外姓，但是由于与"本宗"男性结婚而加入这个家族了，"夫宗"了，将其称为"来归之妇"。

古人生活图

三是出自同一祖先未结婚的父系女性血亲，如未婚的女儿、姐妹、姑、侄女等，将其称为"在室女"。她们一旦出嫁，就脱离娘家的宗族而成为其夫家宗族的宗亲。

如果嫁出去的女儿跟夫婿离异，女儿又回到娘家，则又恢复其父亲宗族的成员身份。

在过去，宗亲是亲属中的主体亲属，男性血统关系在亲属关系中起着决定作用。其亲属范围包括自高祖以下的男系后裔及其配偶，即自高祖至玄孙的九个世代，通常称为本宗九族。

这种内外明显有别的宗族制度，是由维护封建土地私有制和封建家族统治的目的决定的。我国古代最初确立的是"父死子继、嫡庶有别"的宗法继承原则，实行嫡长子继承制。

嫡长继承和兄弟相宗构成宗法制度的两大支柱。正妻所生的长子被称为"世子"，既有遗产继承权，又有身份继承权；其他的儿子叫"别子"，只能继承财产，无权继承身份。而女儿除了在出嫁时得到一定的嫁妆，是不得继承家业的。

外亲又称女亲、外姻、外族，是指女系血亲相联系的亲属，包括与母亲有关的

韩愈 （768—824），字退之，唐代著名文学家、哲学家、思想家、政治家，唐宋八大家之一。河南河阳人，世称韩昌黎，晚年任吏部侍郎，又称韩吏部。韩愈有"文章巨公"和"百代文宗"之名，作品都收在《昌黎先生集》里。

■ 古代贵族家庭

亲属和与出嫁女儿相联系的亲戚。与母亲有关的亲属，如外祖父母、舅、姨及表兄弟姐妹等。与出嫁女儿相联系的亲属，如女婿、外孙子女和姑父及其子女、亲家等。

亲家是指男女结婚以后，夫妻双方的父母彼此互称。"亲家"称呼在我国多数地区使用的比较广泛。最初这一称呼只流行于皇亲国戚的联姻上，后来，亲家称呼通行到了民间，一般老百姓也开始使用这一称呼。

在过去，外亲的地位远不如宗亲，范围很窄，如母亲的亲属仅算及上下两代，即上溯至母亲的父母，即外祖父母，还有母亲的兄弟姐妹，即舅、姨，下至母亲的兄弟姐妹之子，如舅、姨的子女，也就是舅表兄弟姐妹、姨表兄弟姐妹，超出这个范围就不能算亲属了。而父系方面的亲属包括上下九代，范围要宽上许多。

外亲原来包括妻亲，后来妻亲从外亲中分离出来，妻亲具体是指以己身的妻子为纽带而联系的亲属。

妻亲包括妻子的父母，即岳父、岳母；妻子的兄弟姐妹及其配偶，如妻兄、妻弟、大姨姐和小姨子以及妻弟媳、连襟；妻子的兄弟姐妹的子女，如内侄、内侄女、姨甥、姨甥女等。

连襟本意是指二人之间彼此知心。生活中一般是指姊妹之夫的互称或合称。宋代马永卿的

贤母图

《嬾真子》卷二载：

■ 古人敬老图

"《尔雅》曰：两婿相谓为亚。注云：今江东人呼同门为僚婿。《严助传》呼友婿，江北人呼连袂，又呼连襟。"

连襟也叫作"连桥"，也有的地区俗称为"一担挑"，西北地区民间又称"担子"，还有的地方称为"挑担""一根棍"等。

亲属中有一类叫尊亲属。尊亲属指辈分高的亲属，如父母、伯叔父母、舅父母、祖父母、外祖父母、夫或妻子的父母等。

马永卿　字大年，祖籍合肥，后迁扬州。北宋大观三年，即公元1109年考中进士，初为永城主簿，后在江都、淅川、夏县及关中等地任职。马永卿著《元城语录》三卷，附行录一卷，《嬾真子》五卷，均被收入《四库总目》中。

古人游玩图

亲属中还有六亲的说法，六亲历代说法不一，大致有以下几种：一指父子、兄弟、姊妹、甥舅、婚媾、姻娅。二指父子、兄弟、夫妇。三说指父母、兄弟、妻子。四说指父母、兄弟、以父兄弟、从祖兄弟、从曾祖兄弟、同族兄弟。五说指父、母、兄、弟、妻、子，第五种是比较通行的说法。

上面所说的三大范围，在古代，每个范围又分别以五服制区分亲属关系远近亲疏。在某个历史阶段，妻从夫族，即妻子必须遵守夫族全部五服亲属范围并履行身份上的义务，而对丈夫来说，五服内妻亲仅指妻本人和父母而已，虽然妻亲范围不止如此，但在五服等级之下，丈夫通常只对妻本人和父母履行服制义务。

看来，古人是十分注重亲疏远近的，随着社会的发展，历史的变迁，亲属的这种定性和分类也悄然发生了一些变化。

阅读链接

"连襟"一词也见诸于文人的笔下。唐代大诗人杜甫晚年寓居川东，结识了当地一位李姓老头，序论起来，两家还"有点亲戚关系"。两人很合得来，三天两头书信往来或一起聊天喝酒。后来杜甫要出峡东下湖湘，写了首《送李十五丈别》的诗，回忆叙述结交经过，有几句诗是这样的："孤陋忝末亲，等级敢比肩？人生意气合，相与襟袂连。"这只是形容彼此关系密切，还没有后来所称的姐妹们丈夫之间的那种关系。

彰显长幼人伦的亲属称谓

　　古代历史上彰显家族长幼人伦的称谓，在反映血缘关系所有称谓中产生得最早，使用的时间最长，而且在使用过程中不断完善、规范、明确。亲属称谓指的是以本人为中心确定亲族成员和本人关系的名称，是基于血亲姻亲基础上的亲属之间相互称呼的名称、叫法。它

■ 跪拜图

■ 宝玉和黛玉

母党 有两个意思，一是指母族。《尔雅·释亲》："先宗族，次母党，次妻党。"二是指母族的人。《汉书·刘向传》："方今同姓疏远，母党专政，禄去公室，权在外家。"

是以本人为轴心的确定亲属与本人关系的标志。

《尔雅·释亲》将亲属称谓分为四类：宗族、母党、妻党和婚姻。随着社会的发展，人们将亲属称谓又分为三类：父系称谓、母系称谓和夫妻称谓。后来，更直接将其分为两类，一类是直系亲属称谓，一类是旁系亲属称谓。

所谓直系亲属，指的是和自己有直接血缘关系或婚姻关系的亲属，即指生育自己和自己所生育的上下各代亲属，包括父母、祖父母、子女、孙子女、外孙子女等父系、母系、子系、女系的亲属，以及和自己有婚姻关系的夫妻。

旁系亲属指直系亲属以外，在血缘上和自己或自己的配偶同出一源的人以及他们的亲属，如成年的兄弟姐妹及其配偶，叔伯兄弟姐妹，表兄弟姐妹、舅、姑、姨等，包括其系亲属以外的父系、母系的亲族以及妻子娘家的亲族。

按古代关于宗亲的范围，是从高祖开始。高祖以上的直系祖先则称为"远祖""先祖""先人""鼻祖""太高""祖先""先君"等。

始祖是有世系可考的最早的祖先。高祖是曾祖父的父亲，又称"高祖王父""长祖""高门""显考"。高祖母是曾祖父的母亲，即高祖父之妻，又称"高祖王母"。

曾祖父是祖父的父亲，又称"曾祖""曾祖王父""太翁""曾翁""曾父""曾门""曾大父""曾太父"等。曾祖母是祖父的母亲，即曾祖父之妻，又称"曾祖王母"。

祖父是父亲的父亲，又称"王父""太王父""祖王父""大父""祖君""太公""公""祖翁""阿翁""爷爷""耶耶"等。对人自称祖父为"家公""家祖"。"太公""翁"也可用来称呼祖父。

祖母是父亲的母亲，即祖父之妻，又称"王母""大母""太母""祖婆"，后来俗称为"婆"。

奶奶是对祖母的普遍称呼，古代的使用较晚。作为称谓，"奶"最早是作为乳母之称，以后又用以称母亲，又作为对已婚妇女的较广义的称呼。最后才演变成对祖母的称呼。

父指父亲，又称"严亲""翁""尊""大人""严君""爷""爹""爸""老子"等。

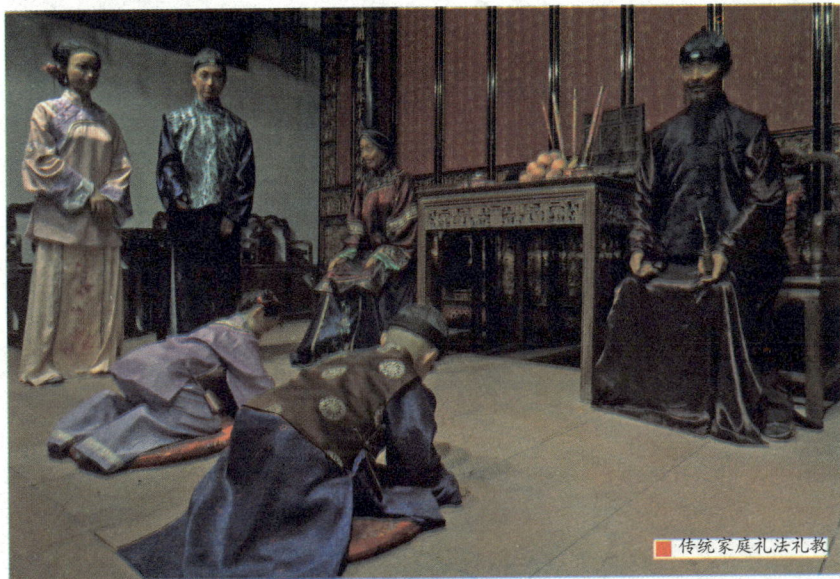

传统家庭礼法礼教

对人自称父亲为"家严""家尊""家公""家父"；尊称他人之父为"令尊""尊君""尊公""尊大人"等。

母指母亲。又称"娘""阿母"。方言俗称"妈""妈妈""阿妈"等。对人自称母亲为"家母""家夫人"；尊称他人之母为"尊堂""尊夫人""令堂"或"令母"。

世父是对父亲的兄弟的称谓，后来改称"伯父""叔父"，或简称"伯""叔"。也可将几个叔父按伯、仲、叔、季的排行次序，分别称为"伯父""仲父""叔父"或"季父"。

世父的妻子叫世母，又称"伯母"。

伯父和叔父的儿子就是从父兄弟，又称"堂兄弟""从父昆弟""从兄弟""叔伯兄弟""同堂兄弟""贤从"等。

姑是对父亲的姊妹的称呼，又可以称为"诸姑""姑姊""姑妹"，对已婚者一般都称为"姑母""姑妈"。

父亲的伯叔及其配偶、子女之间也有相应的亲属称谓，从祖祖父

古人访友图

是指父亲的伯父、叔父，也就是自己的伯祖父和叔
祖父，又称"从祖世父""从祖王父""伯翁"或"叔
翁"等。这是祖父的兄弟，即祖父的同辈，故称从祖
祖父。

■ 古人兄妹相见图

从祖祖母是从祖祖父的妻子，又称"从祖世
母""从祖王母""从祖母""伯祖母""叔祖母""伯
婆"或"叔婆"等。

从祖父是父亲的伯父、叔父的儿子，即父亲的从
兄弟。又称"堂伯""堂叔"。从祖母就是从祖父的
妻子，又称"堂伯母"或"堂叔母"。

从祖父即堂伯、堂叔儿子称为从祖兄弟。又称
"从堂兄弟""再从兄弟"或"从祖昆弟"。这是同曾
祖的兄弟。因和自己是同曾祖的平辈，所以称从祖为
兄弟。

伯、仲、叔、季
就是兄弟排行的
次序，伯是老
大，仲是第二，
叔是第三，季是
最小的。古时常
用于表字或对人
的敬称。汉代学
者班固的《白虎
通·姓名》载：
"以时长幼，号
曰伯仲叔季也。
伯者，子最长，
迫近父也。仲
者，中也。叔
者，少也。季
者，幼也。"

《尔雅》 我国最早的一部解释词义的专著，也是第一部按照词义系统和事物分类来编纂的词典。"尔"是"近"的意思，后来写作"迩"，"雅"是"正"的意思，在这里专指"雅言"，即在语音、词汇和语法等方面都合乎规范的标准语。《尔雅》的意思是接近、符合雅言，即以雅正之言解释古语词、方言词，使之近于规范。

■ 古人家居图

古人兄弟姐妹及配偶、子女间也有其固定称谓。

兄即兄长。男子先生为兄，后生为弟。兄又称"昆""仲"，今称"哥""哥哥"。有兄弟数人的情况下，称呼中必须表示出排行，或以数字为排行，或用伯、仲、叔、季这些排行常用语等。

男子后生为弟，又称"男弟""亲弟""同产弟"等。弟自称"小弟"，兄称弟为"贤弟"。对外人称自己弟为"家弟"，称人之弟为"令弟""淑弟"等。

弟妇是指的弟弟的妻子。娣指兄弟之妻。在我国民间又称为"妯娌""筑里"等。

兄弟之子称"从子"，后又称"侄""犹子""侄男""亲侄""侄辈""兄子""小侄"等。兄弟之女称"从女"。又称"女侄""侄""犹女""兄女""弟女"等。

姊妹的称呼是姐姐与妹妹的统称。古人以同一父母所生女子在先者称为姊，也就是姐姐，又称作"姐""阿姊""姊姊""姊姐""贤姊"等。

妹在《尔雅》中有相关的解释，书中说："后生为妹。"又称作"女弟""娣""幼妹""小妹"等。

姊夫指的是姐姐的丈夫。又称"姊婿"。《尔雅》

的《释亲》篇以姊夫称为"私""甥"。妹妹的丈夫称为妹夫，又称"妹婿""私"等。

甥是姊妹之子，又称为"贤甥""外甥"；"外生""养甥""姊子"。姊妹的女儿叫"外甥女"。

在我国，由于姻亲而产生的亲属关系相当庞杂，其派生出的各种称谓也是中华文化的一大特征，其中蕴含着浓浓的传统文化韵味，值得细细辨析和品味。

两女侄游玩图

阅读链接

我们常听祖宗十八代这一词，到底这祖宗十八代指的是那些亲属呢？实际上，祖宗十八代指自己上下九代的宗族成员。可分为上九代和下九代。

上九代：鼻祖：九世祖；远祖：八世祖；太祖：七世祖；烈祖:六世祖；天祖:五世祖；高祖:四世祖；曾祖:三世祖；祖父:简称"祖"，二世祖；父亲:简称"父"，一世祖。下九代：儿子:简称"子"，一世孙；孙子:简称"孙"二世孙；曾孙:三世孙；玄孙(元孙):四世孙；来孙:五世孙；晜孙:六世孙；仍孙:七世孙；云孙:八世孙；耳孙:九世孙。

亲属称呼的发展及其讲究

亲属中的称呼并不是一成不变的，随着社会的发展，人们认识的变化，亲属的称呼也随之发生着变化。

古代是以伯、仲、叔、季来表示兄弟间的排行顺序，"伯"为老大，"仲"为老二，"叔"为老三，"季"排行最小。父之兄称"伯父"，父之次弟称为"仲父"，仲父之弟称为"叔父"，最小的叔叔

清朝年景人物图

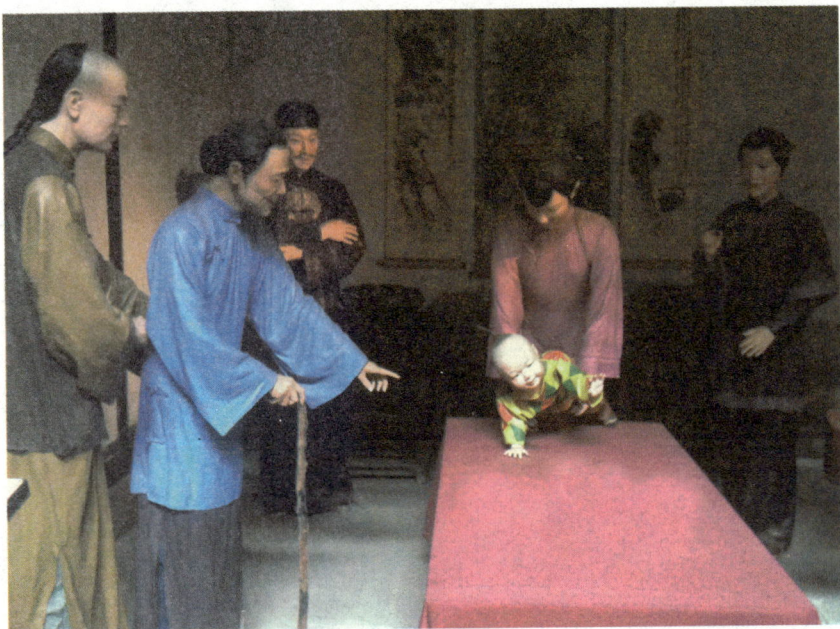

■ 清代的一家人

称"季父"，后来父之弟都统称为"叔父"。

"丈夫"一词的称谓，由来已久，也颇有些渊源，丈夫原本不是指女子的配偶。古代男子二十岁时，举行冠礼，称为丈夫。

丈夫指女子的配偶来自这样一个说法，相传，古代女子选择夫婿，主要看这个男子是否够高度，一般以身高一丈为标准。当时的一丈约等于7尺，有了这个身高一丈的夫婿，才可以抵御别人家的抢婚。后来，女子就称她所嫁的男人为"丈夫"。

此外，对丈夫的称谓还有丈人、君、外子、官人、老公、爱人、当家的、前面人、掌柜的、外面人、郎君、老伴、老头子、那口子、男人、老爱、那位老板等。

在亲属所有的称呼中，妻子的称呼最为多变和富

官人 宋代南北文化交流盛行。夫妻间的称呼上，也是称谓较多的朝代。宫廷中，出现了"官家"一词；平民百姓中，有了"官人"这一称谓。有的妻子称自己的丈夫为"官人"。至今民间仍对新婚夫妻戏称为"新郎官""新娘子"。最知名的代表人物就是"西门大官人"。

■ 妻子陪伴丈夫读书

有文化内涵。据统计，从古到今，对妻子的称呼竟有
近四十种之多。

　　"妻"这种称谓，最早见于《易·系辞》："人
于其官，不见其妻。"但妻在古代不是男子配偶的通
称，后来，"妻"才渐渐成为所有男人配偶的通称。
《礼记·曲礼下》载：

《易》 我国古
哲学书籍，也叫
易经，简称易，
是建立在阴阳二
元论基础上对事
物运行规律加以
论证和描述的书
籍。是我国传统
思想文化中自然
哲学与伦理实践
的根源，对中国
文化产生了巨大
的影响，是华夏
五千年智慧与文
化的结晶。

　　　天子之妃曰后，诸侯曰夫人，大夫曰孺
人，庶人曰妻。

　　看来那时的"妻"只是平民百姓的配偶，是没有
身份的。古代诸侯的妻子称夫人，后来无论官职大
小，通称妻子为"孺人"。

　　如果对外人谦称自己的妻子，可称荆人、荆室、

荆妇、拙荆、山荆、贱荆等，有表示贫寒之意。另外，也可称内人、内助，意为帮助丈夫处理家庭内部事务的人。尊称别人妻子时要称"贤内助"。

"糟糠"是形容贫穷时共患难的妻子，《后汉书·宋弘传》载："贫贱之交不可忘，糟糠之妻不下堂。"意谓贫困时与之共食糟糠的妻子不可遗弃。

这个称谓来自一个典故。西汉末年，兵戈四起，刘氏宗亲刘秀手下有一个叫宋弘的大将在战斗中不幸负伤。当逃到饶阳境内时，宋弘实在走不动了，而后面追兵又紧，怎么办呢？刘秀没办法，只好将宋弘托付给郑庄一户姓郑的人家养伤。

姓郑的这户人家很同情刘秀，而且非常善良，待宋弘亲如家人，端茶送水，好吃好喝，很是周到。特别是郑家女儿，长得虽不很漂亮，但为人正派，聪明

《后汉书》记载我国东汉历史的纪传体史书。它与《史记》《汉书》《三国志》合称为"前四史"。书中记载了从光武帝刘秀起至汉献帝的195年历史。《后汉书》纪十卷和列传八十卷的作者是范晔，此书简明周详，叙事生动。

■ 三口之家

刘秀 （前5—57），东汉王朝开国皇帝，我国历史上著名的政治家、军事家。公元25年，刘秀于河北登基称帝，以"汉"为其国号，史称"东汉"。刘秀在位三十三年，大兴儒学、推崇气节，东汉一朝也被后世史家推崇为历史上"风化最美、儒学最盛"的时代。

大方，待宋弘像亲兄弟，煎汤熬药，问寒问暖，关情备至。宋弘非常感动。日子一长，两人建立了深厚的感情。宋弘伤好后，两人便结为夫妻。

后来宋弘跟随刘秀南征北战，屡立战功，终于帮刘秀得了天下。刘秀有个姐姐，名叫湖阳公主。湖阳公主死了丈夫之后一直守寡在家。一天她看到了宋弘，就请刘秀出面提亲。

几天后，刘秀派人请宋弘来赴宴，席间，刘秀对宋弘说："人生在世，只要有了地位与财富，就不难找到朋友和妻子，你说对吗？"

刘秀想："宋弘一定会同意我的观点。"不料，宋弘当场反驳道："贫贱之交不可忘，糟糠之妻不下堂。"意思是说在贫贱时结交的朋友，不能因为自己的地位变了而忘记，同自己一起吃糠咽菜过苦日子的妻子，不能因为自己富贵了就抛弃！

■ 古人家庭生活

■ 清代监生行礼图

刘秀一听，感到宋弘的话讲得十分有理。刘秀知道宋弘已经有了妻子，既然糟糠之妻不下堂，那么，宋弘是不会忘本抛弃妻子而另攀高门的，于是，作为皇帝的刘秀，便不在宋弘在前提起给自己姐姐说媒的事了。

后人根据这个故事，把自己生死相依、同甘共苦的妻子称为"糟糠"。

"太太"的称呼见于汉朝。汉哀帝时，"太太"原为尊称老一辈的王室夫人。到后来，汉皇室又称皇太后为"皇太太后"。太太的称谓，在贵族妇女中逐渐推广起来。"太太"一词含有尊敬的意思。

明代时称太太要具备这样的条件："凡士大夫妻，年来三十即呼太太"，即司眷属，中丞以上的官职才配称太太。

清代的人，则喜欢叫家庭主妇为太太，不过都以婢仆呼女主人的居多，无形中多少还有些限制，至少

宋弘（？—40），字仲子，京兆长安人。东汉初年名臣，为人正直，做官清廉，对皇帝直言敢谏。光武帝刘秀即位后，拜他为太中大夫，以清行称。宋弘曾先后为汉室推荐和选拔贤能之士三十多人，有的官至相位。光武帝对他甚为信任和器重，封他为宣平侯。

缔结良缘

亲属文化

是在有知识阶层之上。

娘子是丈夫对妻子的一种爱称，在元代以前，称妻子为"娘子"是不对的。宋代之前，"娘子"专指未婚的少女，同后来的姑娘称谓意思相同。

到了唐代，唐玄宗宠爱杨贵妃，杨贵妃在后宫中的地位无与伦比，宫中号称为"娘子"。这里的娘子，显然已不是指少女了，但也不是对妻子的称呼。

到了元代，社会上已普遍称呼已婚妇女为"娘子"。到了明代，一般习惯称少妇为"娘子"，而且带有娇爱的味道。

随着称妻为"娘子"的流行，一般妇女也就称为某娘了，如称接生婆为"老娘"，称巫婆为"师娘"，称男女关系不清的女人为"夫娘"，以及鄙称妇女为"婆娘"等。

老婆是对"妻子"最为通俗的称呼，相传在唐代的时候，有位名叫麦爱新的人，考中功名后嫌弃妻子年老色衰，便想另结新欢。但妻子毕竟照顾了自己大半辈子，直言休妻太过残忍，于是写了上联，把联故意放在案头：

荷败莲残，落叶归根成老藕。

唐玄宗（685—762），即李隆基，712年至756年在位，是唐朝在位最久的皇帝。在位前期任用姚崇、宋璟等贤相，励精图治，开创唐朝极盛之世。在位后期宠爱杨贵妃，宠信奸臣李林甫、杨国忠等，导致了安史之乱的发生，为唐朝中衰埋下伏笔。

■ 杨贵妃出浴图

对联被妻子看到了。妻子从联意觉察到丈夫有了喜新厌旧的念头，便提笔续写下联道：

禾黄稻熟，吹糠见米现新粮。

下联以"禾稻"对"荷莲"，"新粮"对"老藕"，不仅对得十分工整贴切、新颖通俗，而且"新粮"与"新娘"谐音，饶有风趣。

丈夫与妻子后花园游玩图

麦爱新读了妻子的下联，很是惭愧，便放弃了休妻的念头。

见丈夫回心转意，不忘旧情，麦爱新的妻子又写道："老公十分公道。"

麦爱新亦挥笔续写道："老婆一片婆心。"

后来，"老婆"作为丈夫对妻子的称呼就这样在民间叫开了。

"丈人"是丈夫称妻子的父亲。然而在魏晋以前，妻子的父亲被叫作"舅"或"妇翁"。"丈人"则是对上了岁数的男子的尊称。

在称呼自家的亲属时，常会用到这几个字："家、舍、亡、先、犬、小。"

"家"是用来称比自己辈分高或年长的活着的亲人，含有谦恭平常之意，如称自己的祖父为家祖；称自己的父亲为家父、家严；称自己的母亲为家母、家慈；称丈人为家岳，其他类似称呼还有家兄、家嫂等。

家父及朋友看望丈夫

血缘脉系

家族家谱与家庭文化

"舍"是用来谦称比自己卑幼的亲属，如称自己的弟弟为舍弟；称自己的妹妹为舍妹，其他类似的称呼有舍侄、舍亲等。

"先"含有怀念、哀痛之情，是对已死长者的尊称，如对已经离世的祖父称先祖；对已离世的父亲称先父、先人、先严、先考；对母尊称先母、先妣、先慈；等等。

"亡"用于对已死卑幼者的称呼，如亡妹、亡儿。有时，对已故的丈夫、妻子、挚友，也可称亡夫、亡妻、亡友。

"犬"谦称自己年幼涉世不深的子女，如称呼自己的儿子为犬子，自己的女儿为犬女，等等。

"小"对人常用来称己一方的谦词，如自称自己儿女为小儿、小女等。

阅读链接

妻子的别称还有很多，如小君、细君等，这是最早对诸侯妻子的称呼。皇后是对皇帝妻子的称呼。梓童是皇帝对皇后的称呼。内掌柜是称生意人的妻子，也称"内当家"。

另外，我国南方一些地方称妻子为堂客。从"堂客"这个称呼来看，这些地方的女性配偶在家庭地位要高一些。"堂客"是"堂屋里的客"，而堂屋是供祖先牌位的，最神圣的地方，也是家里议事作决定的地方，最要紧的去处。这就证明夫家不把娶进来的老婆当外人，直接就请到堂屋来。因为毕竟是外姓，不共祖先，于是给了一个"客"的称号，叫"堂客"。

中华精神家园书系

建筑古蕴

壮丽皇宫：三大故宫的建筑壮景
宫殿怀古：古风犹存的历代华宫
古都遗韵：古都的厚重历史遗韵
千古都城：三大古都的千古传奇
王府胜景：北京著名王府的景致
府衙古影：古代府衙的历史遗风
古城底蕴：十大古城的历史风貌
古镇奇葩：物宝天华的古镇奇观
古村佳境：人杰地灵的千年古村
经典民居：精华浓缩的最美民居

古建风雅

皇家御苑：非凡胜景的皇家园林
非凡胜景：北京著名的皇家园林
园林精粹：苏州园林特色与名园
秀美园林：江南园林特色与名园
园林千姿：岭南园林特色与名园
雄丽之园：北方园林特色与名园
亭台情趣：迷人的典型精品古建
楼阁雅韵：神圣典雅的古建象征
三大名楼：文人雅士的汇聚之所
古建古风：中国古典建筑与标志

古建之魂

千年名刹：享誉中外的佛教寺院
天下四绝：佛教的海内四大名刹
皇家寺院：御赐美名的著名古刹
寺院奇观：独特文化底蕴的名刹
京城宝刹：北京内外八刹与三山
道观杰作：道教的十大著名宫观
古塔瑰宝：无上玄机的魅力古塔
宝塔珍品：巧夺天工的非常古塔
千古祭庙：历代帝王庙与名臣庙

文化遗迹

远古人类：中国最早猿人及遗址
原始文化：新石器时代文化遗址
王朝遗韵：历代都城与王城遗址
考古遗珍：中国的十大考古发现
陵墓遗存：古代陵墓与出土文物
石窟奇观：著名石窟与不朽艺术
石刻神工：古代石刻与文化艺术
岩画古韵：古代岩画与艺术特色
家居古风：古代建材与家居艺术
古道依稀：古代商贸通道与交通

古建涵蕴

天下祭坛：北京祭坛的绝妙密码
祭祀庙宇：香火旺盛的各地神庙
绵延祠庙：传奇神人的祭祀圣殿
至圣尊崇：文化浓厚的孔孟祭地
人间天宫：非凡造诣的妈祖庙宇
祠庙典范：最具人文特色的祭祠
绝代王陵：气势恢宏的帝王陵园
王陵雄风：空前绝后的地下城堡
大宅揽胜：宏大气派的大户宅第
古街韵味：古色古香的千年古街

物宝天华

青铜时代：青铜文化与艺术特色
玉石之国：玉器文化与艺术特色
陶器寻古：陶器文化与艺术特色
瓷器故乡：瓷器文化与艺术特色
金银生辉：金银文化与艺术特色
珐琅精工：珐琅器与文化之特色
琉璃古风：琉璃器与文化之特色
天然大漆：漆器文化与艺术特色
天然珍宝：珍珠宝石与艺术特色
天下奇石：赏石文化与艺术特色

古迹奇观
玉宇琼楼： 分布全国的古建筑群
城楼古景： 雄伟壮丽的古代城楼
历史开关： 千年古城墙与古城门
长城纵览： 古代浩大的防御工程
长城关隘： 万里长城的著名关卡
雄关漫道： 北方的著名古代关隘
千古要塞： 南方的著名古代关隘
桥的国度： 穿越古今的著名桥梁
古桥天姿： 千姿百态的古桥艺术
水利古貌： 古代水利工程与遗迹

山水灵性
母亲之河： 黄河文明与历史渊源
中华巨龙： 长江文明与历史渊源
江河之美： 著名江河的文化源流
水韵雅趣： 湖泊泉瀑与历史文化
东岳西岳： 泰山华山与历史文化
五岳名山： 恒山衡山嵩山的文化
三山美名： 三山美景与历史文化
佛教名山： 佛教名山的文化流芳
道教名山： 道教名山的文化流芳
天下奇山： 名山奇迹与文化内涵

自然遗产
天地厚礼： 中国的世界自然遗产
地理恩赐： 地质蕴含之美与价值
绝美景色： 国家综合自然风景区
地质奇观： 国家自然地质风景区
无限美景： 国家自然山水风景区
自然名胜： 国家自然名胜风景区
天然生态： 国家综合自然保护区
动物乐园： 国家动物自然保护区
植物王国： 国家保护的野生植物
森林景观： 国家森林公园大博览

西部沃土
古朴秦川： 三秦文化特色与形态
龙兴之地： 汉水文化特色与形态
塞外江南： 陇右文化特色与形态
人类敦煌： 敦煌文化特色与形态
巴山风情： 巴渝文化特色与形态
天府之国： 蜀文化的特色与形态
黔风贵韵： 黔贵文化特色与形态
七彩云南： 滇云文化特色与形态
八桂山水： 八桂文化特色与形态
草原牧歌： 草原文化特色与形态

东部风情
燕赵悲歌： 燕赵文化特色与形态
齐鲁儒风： 齐鲁文化特色与形态
吴越人家： 吴越文化特色与形态
两淮之风： 两淮文化特色与形态
八闽魅力： 福建文化特色与形态
客家风采： 客家文化特色与形态
岭南灵秀： 岭南文化特色与形态
潮汕之根： 潮州文化特色与形态
滨海风光： 琼州文化特色与形态
宝岛台湾： 台湾文化特色与形态

中部之魂
三晋大地： 三晋文化特色与形态
华夏之中： 中原文化特色与形态
陈楚风韵： 陈楚文化特色与形态
地方显学： 徽州文化特色与形态
形胜之区： 江西文化特色与形态
淳朴湘间： 湖湘文化特色与形态
神秘湘西： 湘西文化特色与形态
瑰丽楚地： 荆楚文化特色与形态
秦淮画卷： 秦淮文化特色与形态
冰雪关东： 关东文化特色与形态

节庆习俗
普天同庆： 春节习俗与文化内涵
张灯结彩： 元宵习俗与彩灯文化
寄托哀思： 清明祭祀与寒食习俗
粽情端午： 端午节与赛龙舟习俗
浪漫佳期： 七夕节俗与妇女乞巧
花好月圆： 中秋节俗与赏月之风
九九路秋： 重阳节俗与登高赏菊
千秋佳节： 传统节日与文化内涵
民族盛典： 少数民族节日与内涵
百姓聚欢： 庙会活动与赶集习俗

民风根源
血缘脉系： 家族家谱与家庭文化
万姓之根： 姓氏与名字号及称谓
生之由来： 生庚生肖与寿诞礼俗
婚事礼俗： 嫁娶礼俗与结婚喜庆
人生遵俗： 人生处世与礼俗文化
幸福美满： 福禄寿喜与五福临门
礼仪之邦： 古代礼制与礼仪文化
祭祀庆典： 传统祭典与祭祀礼俗
山水相依： 依山傍水的居住文化

衣食天下
衣冠楚楚： 服装艺术与文化内涵
凤冠霞帔： 佩饰艺术与文化内涵
丝绸锦缎： 古代纺织精品与布艺
绣美中华： 刺绣文化与四大名绣
以食为天： 饮食历史与筷子文化
美食中国： 八大菜系与文化内涵
中国酒道： 酒历史酒文化的特色
酒香千年： 酿酒遗址与传统名酒
茶道风雅： 茶历史茶文化的特色

国风美术
丹青史话： 绘画历史演变与内涵
国画风采： 绘画方法体系与类别
独特画派： 著名绘画流派与特色
国画瑰宝： 传世名画的绝色魅力
国风长卷： 传世名画的大美风采
艺术之根： 民间剪纸与民间年画
影视鼻祖： 民间皮影戏与木偶戏
国粹书法： 书法历史与艺术内涵
翰墨飘香： 著名书法名作与艺术
行书天下： 著名行书精品与艺术

汉语之魂
汉语源流： 汉字汉语与文章体类
文学经典： 文学评论与作品选集
古老哲学： 哲学流派与经典著作
史册汗青： 历史典籍与文化内涵
统御之道： 政论专著与文化内涵
兵家韬略： 兵法谋略与文化内涵
文苑集成： 古代文献与经典专著
经传宝典： 古代经传与文化内涵
曲苑音坛： 曲艺说唱项目与艺术
曲艺奇葩： 曲艺伴奏项目与艺术

博大文学
神话魅力： 神话传说与文化内涵
民间相传： 民间传说与文化内涵
英雄赞歌： 四大英雄史诗与内涵
灿烂散文： 散文历史与艺术特色
诗的国度： 诗的历史与艺术特色
词苑漫步： 词的历史与艺术特色
散曲奇葩： 散曲历史与艺术特色
小说源流： 小说历史与艺术特色
小说经典： 著名古典小说的魅力

歌舞共娱

古乐流芳：古代音乐历史与文化
钧天广乐：古代十大名曲与内涵
八音古乐：古代乐器与演奏艺术
鸾歌凤舞：古代大曲历史与艺术
妙舞长空：舞蹈历史与文化内涵
体育古项：体育运动与古老项目
民俗娱乐：民俗运动与古老项目
刀光剑影：器械武术种类与文化
快乐游艺：古老游艺与文化内涵
开心棋牌：棋牌文化与古老项目

戏苑杂谈

梨园春秋：中国戏曲历史与文化
古戏经典：四大古典悲剧与喜剧
关东曲ं：东北戏曲种类与艺术
京津大戏：北京与天津戏曲艺术
燕赵戏苑：河北戏曲种类与艺术
三秦戏苑：陕西戏曲种类与艺术
齐鲁戏曲：山东戏曲种类与艺术
中原曲苑：河南戏曲种类与艺术
江淮戏话：安徽戏曲种类与艺术

梨园谱系

苏沪大戏：江苏上海戏曲与艺术
钱塘雅话：浙江戏曲种类与艺术
荆楚戏台：湖北戏曲种类与艺术
潇湘梨园：湖南戏曲种类与艺术
滇黔好戏：云南贵州戏曲与艺术
八桂梨园：广西戏曲种类与艺术
闽台戏苑：福建戏曲种类与艺术
粤琼戏话：广东戏曲种类与艺术
赣江好戏：江西戏曲种类与艺术

科技回眸

创始发明：四大发明与历史价值
科技首创：万物探索与发明发现
天文回望：天文历史与天文科技
万年历法：古代历法与岁时文化
地理探究：地学历史与地理科技
数学史鉴：数学历史与数学成就
物理源流：物理历史与物理科技
化学历程：化学历史与化学科技
农学春秋：农学历史与农业科技
生物寻古：生物历史与生物科技

千秋教化

教育之本：历代官学与民风教化
文武科举：科举历史与选拔制度
教化于民：太学文化与私塾文化
官学盛况：国子监与学宫的教育
朗朗书院：书院文化与教育特色
君子之学：琴棋书画与六艺项目
启蒙经典：家教蒙学与文化内涵
文房四宝：纸笔墨砚及文化内涵
刻印时代：古籍历史与文化内涵
金石之光：篆刻艺术与印章碑石

传统美德

君子之为：修身齐家治国平天下
刚健有为：自强不息与勇毅力行
仁爱孝悌：传统美德的集中体现
谦和好礼：为人处世的美好情操
诚信知报：质朴道德的重要表现
精忠报国：民族精神的巨大力量
克己奉公：强烈使命感和责任感
见利思义：崇高人格的光辉写照
勤俭廉政：民族的共同价值取向
笃实宽厚：宽厚品德的生活体现

文化标记

龙凤图腾：龙凤崇拜与舞龙舞狮
吉祥如意：吉祥物品与文化内涵
花中四君：梅兰竹菊与文化内涵
草木有情：草木美誉与文化象征
雕塑之韵：雕塑历史与艺术内涵
壁画遗韵：古代壁画与古墓丹青
雕刻精工：竹木骨牙角匏与工艺
百年老号：百年企业与文化传统
特色之乡：文化之乡与文化内涵

悠久历史

古往今来：历代更替与王朝千秋
天下一统：历代统一与行动韬略
太平盛世：历代盛世与开明之治
变法图强：历代变法与图强革新
古代外交：历代外交与文化交流
选贤任能：历代官制与选拔制度
法治天下：历代法制与公正严明
古代税赋：历代赋税与劳役制度
三农史志：历代农业与土地制度
古代户籍：历代区划与户籍制度

历史长河

兵器阵法：历代军事与兵器阵法
战事演义：历代战争与著名战役
货币历程：历代货币与钱币形式
金融形态：历代金融与货币流通
交通巡礼：历代交通与水陆运输
商贸纵观：历代商业与市场经济
印纺工业：历代纺织与印染工艺
古老行业：三百六十行由来发展
养殖史话：古代畜牧与古代渔业
种植细说：古代栽培与古代园艺

杰出人物

文韬武略：杰出帝王与励精图治
千古忠良：千古贤臣与爱国爱民
将帅传奇：将帅风云与文韬武略
思想宗师：先贤思想与智慧精华
科学鼻祖：科学精英与求索发现
发明巨匠：发明天工与创造英才
文坛泰斗：文学大家与传世经典
诗神巨星：天才诗人与妙笔华篇
画界巨擘：绘画名家与绝代精品
艺术大家：艺术大师与杰出之作

信仰之光

儒学根源：儒学历史与文化内涵
文化主体：天人合一的思想内涵
处世之道：传统儒家的修行法宝
上善若水：道教历史与道教文化

强健之源

中国功夫：中华武术历史与文化
南拳北腿：武术种类与文化内涵
少林传奇：少林功夫历史与文化